JN015511

所有者不明私道への対応ガイドライン 第2版

複数の者が所有する私道の工事において必要な
所有者の同意に関する研究報告書

共有私道の保存・管理等に関する事例研究会［著］

一般社団法人 金融財政事情研究会

第2版 はじめに

　所有者不明土地は、民間取引や公共事業の用地取得など、様々な場面で土地の利活用を阻害しており、その解決は喫緊の課題である。

　市街地においてしばしば見られる、複数の者が共有する私道（共有私道）についても、補修工事等を行う場合に、民法の共有物の保存・管理等の解釈が必ずしも明確ではないため、事実上、共有者全員の同意を得る運用がされており、その結果、共有者の所在を把握することが困難な事案において、必要な補修工事等の実施に支障が生じているとの指摘がされてきた。

　本研究会は、平成29年度に、複数の者が共有し、又は相互に持ち合う私道の工事の同意の取付け等に関して、共有者等の所在が不明であるために支障が生じている具体的な事例を、自治体やライフライン事業者からのヒアリング等を通じて収集・整理し、検討を行った。その結果を踏まえ、平成30年1月に、ケーススタディの形式で、共有者等の一部が所在不明な場合における工事の可否を判断する指針を示すガイドライン（以下「旧ガイドライン」という。）をとりまとめたところである。

　その後、政府においては、関係省庁の連携の下に所有者不明土地対策が推進されてきた。令和3年には、所有者不明土地の発生予防と管理の円滑化の両面から、総合的に民事基本法制を見直す法改正が行われた。これにより、旧ガイドラインが基礎としていた民法等のルールが大きく改められ、共有者等の所在が不明である場合にも対応可能な様々な新制度が導入されることとなった。

　そこで、本研究会は、改正民法が令和5年4月1日から施行されることを踏まえ、ガイドラインをアップデートし、各種新制度の内容を詳しく紹介するとともに、共有私道の工事に関する支障事例における具体的な適用関係を示すこととした。また、改正民法の施行前における対処法も併せて示すこととし、施行の前後で対応に遺漏がないよう努めた。加えて、実務上問題となることが多いと指摘される事例を新たに追加したほか、共有私道の管理に関連する所有者不明土地対策を幅広く紹介している。

　このガイドラインが、私道を複数名で共有する方々をはじめ、行政、司法、ライフライン事業等の関係者に広く参照されることを期待している。

　令和4年6月

共有私道の保存・管理等に関する事例研究会座長 　松　尾　　弘

初版 はじめに

　近年，所有者を特定したり，その所在を把握したりすることが困難な，いわゆる所有者不明土地への対応は，公共事業の用地取得や，農地の集約化，森林の適正な管理を始め，様々な分野で問題となっている。

　市街地においてしばしば見られる，複数の者が共有する私道（共有私道）についても，補修工事等を行う場合に，民法の共有物の保存・管理等の解釈が必ずしも明確ではないため，事実上，共有者全員の同意を得る運用がされており，その結果，共有者の所在を把握することが困難な事案において，必要な補修工事等の実施に支障が生じているとの指摘がされている。

　「経済財政運営と改革の基本方針2017」（平成29年6月9日閣議決定）等においても，所有者を特定することが困難な土地の適切な利用や管理が図られるよう，共有地の管理に係る同意要件の明確化等について，関係省庁が一体となって検討を行うこととされたところである。

　本研究会は，こうした動きを踏まえ，平成29年8月から，複数の者が共有する私道の工事の同意の取付け等に関して，共有者の所在が不明であるために支障が生じている具体的な事例を，自治体やライフライン事業者からのヒアリング等を通じて収集・整理するとともに，民法や各種法令において同意を得ることが求められる者の範囲を明確化するための検討を進めてきた。

　その結果，共有私道の工事を行う際に，共有者の一部の所在を把握することが困難な事案において，工事の可否が判断できないために，他の共有者に支障が生じるだけでなく，私道が，一般の通行の用に供されたり，各種ライフラインを設置されたりする公共的な性質を有しているため，自治体やライフライン事業者にとっても，補助金の支給や工事の実施において支障となっていることが明らかになった。また，こうした支障は，私道が，民法上の共有（共同所有）関係にある場合だけでなく，近隣の宅地所有者が，単独で所有する土地を相互に提供し合う場合も，同様に発生し得ることが判明した。

　もとより，民法等の民事基本法の解釈適用は，個別具体的な事案の内容に応じて裁判所において適切に判断されるべきものであるが，私道の共有者又は所有者の一部が所在不明である場合に，工事を実施するかどうかについては，緊急性が低い間は，全員同意が得られないために放置され，緊急性が高まった段階では，法的手続をとる暇もなく工事を断行せざるを得ないという傾向があるため，必ずしも裁判手続が用いられず，裁判例の集積がされにくいと考えられる。

　このような共有私道に特有の性質に鑑みると，工事の可否の判断にとって最も有用なものは，発生する頻度の高い支障事例についてのケーススタディであろう。

そこで，本研究会は，ヒアリング調査の結果を踏まえ，発生する頻度が比較的高かった支障事例を中心として，合計4回にわたって研究会で集中的に議論を行った。このガイドラインは，そうした議論の結果を踏まえて，厳選された35件のケーススタディを通じ，共有者又は私道の所有者の一部が所在不明な場合に，工事の可否を判断する指針を示そうとするものである。

　このガイドラインが，私道を複数名で共有する方々をはじめ，行政，司法，ライフライン事業等の関係者に広く参照されることを期待している。

共有私道の保存・管理等に関する事例研究会　座長

松尾　　弘

凡　例

　法令名の記載については、以下の例による。

改正法	民法等の一部を改正する法律（令和3年法律第24号）
民法	改正法による改正のない民法（明治29年法律第89号）の規定及び、改正に関係なく規定を示す場合
改正前民法	改正法による改正前の民法
改正民法	改正法による改正後の民法
非訟事件手続法	改正法による改正のない非訟事件手続法（平成23年法律第51号）の規定及び、改正に関係なく規定を示す場合
改正前非訟事件手続法	改正法による改正前の非訟事件手続法
改正非訟事件手続法	改正法による改正後の非訟事件手続法
特措法	所有者不明土地の利用の円滑化等に関する特別措置法（平成30年法律第49号）
特措法改正法	所有者不明土地の利用の円滑化等に関する特別措置法の一部を改正する法律（令和4年法律第38号）
改正特措法	特措法改正法による改正後の特措法

目　　次

第3章 ケーススタディ

第1章　共有私道とその実態

1　共有私道の意義

(1)　私道とは

　私道については、法律上明確な定義がないが、大別すると、①公道の対立概念としての私道という意義と、②私人が所有する道路という意義とがある。①については、道路法上の道路を公道とすれば、高速自動車国道、一般国道、都道府県道及び市町村道以外の道が私道となり、国や地方公共団体が所有する道路法上の道路以外の道も私道に含まれることになる。また、②については、私人が所有しているが、道路法等の法令に基づいて国や地方公共団体により管理されている道も私道に含まれることになる。

　このように、①②のいずれの定義をとるにせよ、私道が、国や地方公共団体の管理に服する場合があり得るが、こうした公的な管理がされる場合には、民法等の解釈を待つまでもなく、補修工事等が可能であり、問題は少ないといえる。

　また、宅地の敷地内にある通路も、私道の一種ととらえることが可能であるが、一般の用に供されていない通路の管理は、宅地そのものの管理の問題といえる。これに対し、一般の用に供されている通路の管理については、その公共性に鑑み、地方公共団体が助成制度を設けるなどしていることとの関係で、特有の複雑な問題を生じさせるといえる。

　そこで、本研究においては、主として「国や地方公共団体以外の者が所有する、一般の用に供されている通路であって、法令上、国や地方公共団体が管理することとされていないもの」を対象として調査研究を行った。

(2)　共有私道の意義

　市街地における私道の実際を見ると、複数の者が私道を所有する場合には、①私道全体を複数の者が所有し、民法第249条以下の共有（共同所有）の規定が適用されるものと、②私道が複数の筆から成っており、隣接宅地の所有者等が、私道の各筆をそれぞれ所有し、相互に利用させ合うものがある。

　地方公共団体やライフライン事業者からのヒアリング調査結果によれば、私道の管理に当たっては、これらのいずれについても、民法等の解釈が問題となり得る。

　そこで、以下では、上記①を「共同所有型私道」と、上記②を「相互持合型私道」と呼んで区別し、これらを併せて「共有私道」と呼んで検討を行うこととする。

2 実態調査（平成29年度）

(1) 地方公共団体へのアンケート調査

　所有者不明土地問題は、東日本大震災の復興の過程で顕在化し、対策が進められてきたが、特に市街地においては、共有私道の工事に当たり、所在不明などの理由で共有者全員からの工事の承諾を得られず、私道の補修工事を実施できないなどの支障が生じていると指摘されている。

　もっとも、私道については、建築基準法における接道義務に関連して一定の法律上の規律がされているものの、断片的なものにとどまり、その実態は必ずしも明らかでない。

　そこで、共有私道の実態を把握するため、関係機関の協力を得て、地方公共団体に対し、私道所有者の一部が所在不明であることに起因する共有私道の管理等に係る支障事例につきアンケート調査を実施することとした。

　アンケート結果は、後記【表1】のとおりであり、舗装新設、老朽舗装、景観舗装、階段、側溝、ゴミ集積所、水道管、下水管の整備等につき支障事例があることが判明した。とりわけ、舗装新設、老朽舗装、側溝、水道管、下水道管の各類型の支障事例が多数存在することも明らかになった。

　このアンケート調査の回答を踏まえて、地方公共団体から追加でヒアリングを行い、具体的事情の把握に努めた。

(2) ライフライン事業者からのヒアリング

　また、共有私道には電気事業者の電柱やガス事業者のガス管等のライフライン設備が設置されており、これらの設置及びメンテナンスの際に、共有者の一部が所在不明である私道につき工事の支障が生じている可能性があることから、電気、ガスの事業者等からヒアリングを実施し、具体的な支障事例を収集した。

【表1】 共有私道の管理等に係る支障事例の調査について

○ 127の自治体（東京都特別区（23）、政令指定都市（20）、その他の市（84））を対象に共有私道の管理等に係る支障事例のアンケート調査を実施。

○ 各自治体は、私道整備等のための助成制度を運用するに当たり、共有私道の所有者からの同意が得られず、助成実施に支障が生じた事例や住民から相談等を受けた事例があれば、下記①～⑨の各区分ごとに、「○」（該当事例あり）ないし「◎」（該当事例多数あり）で回答。

【アンケート調査結果の概要】

	①舗装新設	②老朽補修	③景観舗装	④階段	⑤側溝	⑥ゴミ集積所	⑦水道管	⑧下水管	⑨その他
東京都特別区	15(2)	16(2)	4(0)	5(0)	11(1)	3(1)	1(0)	14(2)	0
政令指定都市	12(4)	7(3)	0	0	6(1)	3(0)	11(2)	16(4)	2(0)
その他の市	14(2)	13(2)	1(1)	1(0)	9(2)	1(0)	18(1)	21(1)	4(0)
合計	41(8)	36(7)	5(1)	6(0)	26(4)	7(1)	30(3)	51(7)	6(0)

（ ）内は「◎」（該当事例多数あり）の数

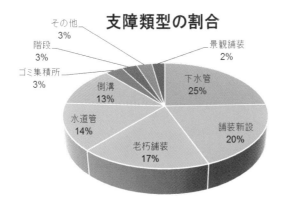

支障類型の割合

その他 3%
階段 3%
ゴミ集積所 3%
景観舗装 2%
側溝 13%
水道管 14%
老朽舗装 17%
舗装新設 20%
下水管 25%

(3) 具体的支障について

以上の結果、次のような支障が生じていることが判明した。

ア　多くの地方公共団体が私道整備に助成金を支出しているところ、民法の共有の規律が具体的にどのように適用されるかが必ずしも明らかでないこともあり、助成の条件として、原則、私道所有者全員の工事の同意を要求していることが多い。そのため、私道共有者の一部の所在が不明である場合には、私道整備助成の申請を却下せざるを得ない。ところが、助成金なしでは、私道所有者の費用負担が重く、必要な工事を実施するのが困難となる場合が多い。

イ　私道は、道路として一般の交通の用に供され、公共性を有していることから、路面が陥没するなど通行に著しい支障が生じた場合には、私道所有者全員の同意が得られないときであっても、私道の安全確保のため、地方公共団体の負担で簡易な工事を実施したり、陥没部分に鉄板を乗せたりするなどの応急補修を行うこともある。しかし、私道は所有者が管理すべき土地であり、どのような場合に応急補修を行ってもよいか、判断に躊躇を覚える。

ウ　ライフライン事業者は、共有私道に設備を設置したり、私道内の設備を補修したりする場合には、共有私道の工事が民法上の共有物の保存、管理に関する事項、変更ないし処分のいずれに該当するかが必ずしも判然としないこともあり、私道所有者全員からの同意がなければ工事を実施しないのが原則である。そのため、私道所有者の一部が所在不明であれば、設備維持のために必要な工事を実施できず、住民の安全性の観点から望ましくない状態が生じている場合がある。

エ　地方公共団体が私道を工事するに当たり、私道所有者の一部が所在不明である場合に、地方公共団体の職員が本来業務の合間に所在不明者を探索しなければならず、探索に伴う多大な金銭的・人的・時間的コストが生じている場合がある。

(4) 不動産登記簿における相続登記未了土地調査について

不動産登記簿における相続登記未了土地に関する調査の結果は、後記【表2】のとおりである。

法務省においては、平成29年6月、全国10か所の地区（調査対象数約10万筆）で相続登記が未了となっているおそれのある土地の調査を実施し、その結果を公表している。これによると、大都市においては、①最後の登記から90年以上経過しているものが0.4%、②最後の登記から70年以上経過しているものが1.1%、③最後の登記から50年以上経過しているものが6.6%であった。また、中小都市・中山間地域においては、①最後の登記から90年以上経過しているものが7.0%、②最後の登記から70年以上経過しているものが12.0%、③最後の登記から50年以上経過しているものが26.6%であった。

今般、本研究会の実施に当たり、上記調査の対象土地のうち、地目が道路であるものを改めて集計したところ、大都市においては、①最後の登記から90年以上経過しているものが0.8％、②最後の登記から70年以上経過しているものが2.1％、③最後の登記から50年以上経過しているものが5.5％であった。これに対し、中小都市・中山間地域における道路については、①最後の登記から90年以上経過しているものが9.8％、②最後の登記から70年以上経過しているものが15.7％、③最後の登記から50年以上経過しているものが31.2％であった。

　以上によると、特に、中小都市・中山間地域の私道においては、相続登記が未了となっているおそれのある土地の割合が高く、遺産共有状態となっている場合も多いものと推測できる。

　こうした私道について、工事等を実施する際には、共有物の保存・管理等に関する解釈を明確化することが極めて重要であることが明らかになった。

【表2】 不動産登記簿における相続登記未了土地調査について

1：大都市

	主な地目別の所有権の個数(※)			
	宅地	田・畑	山林	道路
最後の登記から90年以上経過	17	42	20	9
同70年以上90年未満経過	55	34	43	16
同50年以上70年未満経過	878	237	98	40
同50年未満	16,607	1,804	1,662	1,128
計	17,557	2,117	1,823	1,193

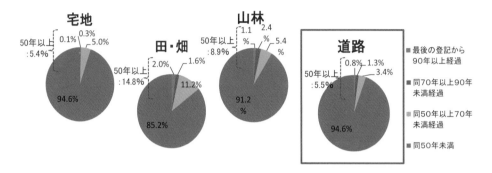

2：中小都市・中山間地域

	主な地目別の所有権の個数(※)			
	宅地	田・畑	山林	道路
最後の登記から90年以上経過	540	961	3,326	245
同70年以上90年未満経過	465	1,374	1,898	146
同50年以上70年未満経過	852	3,583	6,234	386
同50年未満	15,731	19,296	23,973	1,712
計	17,588	25,214	35,431	2,489

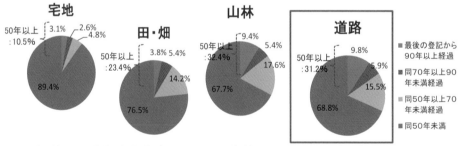

※主な地目別の所有権の個数を掲げたものであり、調査対象とした所有権の個数（総数）とは異なる。

注：円グラフに示す各割合は、端数切り捨て等により、合計した際に100%とならない場合がある。

コラム 民事基本法制の見直し（令和3年）

○ 所有者不明土地問題

　近年、土地の所有者が死亡しても、相続登記がされずに放置されているケースが数多く存在していることなどを原因として、所有者不明土地問題が生じている。そして、所有者が不明なことによる弊害は土地だけでなく建物についても指摘がされているところである。

　所有者不明土地とは、①不動産登記簿等により所有者が直ちに判明しない土地、②所有者が判明しても、その所在が不明で連絡がつかない土地をいう。

　所有者不明土地においては、登記簿を見ても、不動産の所有者やその所在を把握することができず、不動産取引を円滑に行うことが難しくなるほか、まちづくりのための公共事業や、災害時の復旧復興が進まないといった問題が生ずる。また、所有者不明土地は、適切な管理がされていないことが多く、周辺の生活環境の悪化にもつながっているとの指摘もされている。

　所有者不明土地問題は、政府全体で取り組むべき喫緊の課題であると位置付けられ、平成29年以降、いわゆる骨太の方針を始め政府の基本方針で毎年取り上げられている。

所有者不明土地の割合
（R2 国交省調査）　**24** %

原因

| 相続登記の未了 **63**% | 住所変更登記の未了 **33**% |

○ 所有者不明土地の解消に向けた民事基本法制の見直し

　令和3年4月に、改正法及び相続等により取得した土地所有権の国庫への帰属に関する法律（令和3年法律第25号。以下「相続土地国庫帰属法」という。）が成立した。両法律は、㋐所有者不明土地の発生予防と㋑土地の利用の円滑化の両面から、所有者不明土地の解消に向けた民事基本法制の見直しを行うものである。

　改正法は、大別して、民法の改正部分と不動産登記法の改正部分とに分かれている。

　民法の改正は、基本的には、㋑の観点からのものであり、私道の管理等に関係する改正内容については、第2章以下で詳しく紹介している。民法の改正による新制度は、令和5年4月1日にスタートする。

　不動産登記法の改正は、基本的には、㋐の観点からのものであり、これまで任意とされていた相続登記や住所等の変更登記の申請を義務付けるとともに、その申請義務の実効性を確保するための環境整備策を導入するなどするものである。不動産登記法の改正による新制度は、令和5年4月1日から段階的に施行されるが、相続登記の申請義務化については令和6年4月1日に、住所等の変更登記の申請義務化については令和8年4月まで（具体的な施行期日は今後政令で定められる。）にスタートする。

相続土地国庫帰属法は、㋐の観点からのものであり、相続により取得した土地を、一定の要件の下で法務大臣の承認を受けて国庫に帰属させることを可能とする制度を創設するものである。相続土地国庫帰属法による新制度は、令和5年4月27日にスタートする。

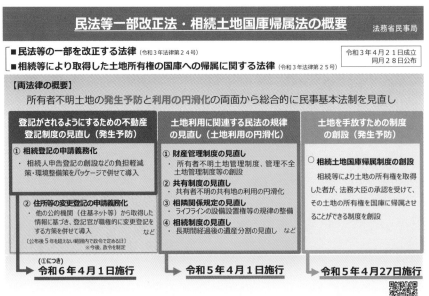

民法等一部改正法・相続土地国庫帰属法の概要 　法務省民事局

■ **民法等の一部を改正する法律** (令和3年法律第24号)
■ **相続等により取得した土地所有権の国庫への帰属に関する法律** (令和3年法律第25号)
令和3年4月21日成立 同月28日公布

【両法律の概要】
所有者不明土地の発生予防と利用の円滑化の両面から総合的に民事基本法制を見直し

登記がされるようにするための不動産登記制度の見直し（発生予防）	土地利用に関連する民法の規律の見直し（土地利用の円滑化）	土地を手放すための制度の創設（発生予防）
① 相続登記の申請義務化 ・相続人申告登記の創設などの負担軽減策・環境整備策をパッケージで併せて導入	① 財産管理制度の見直し ・所有者不明土地管理制度、管理不全土地管理制度等の創設	○ **相続土地国庫帰属制度の創設** 相続等により土地の所有権を取得した者が、法務大臣の承認を受けて、その土地の所有権を国庫に帰属させることができる制度を創設
② 住所等の変更登記の申請義務化 ・他の公的機関（住基ネット等）から取得した情報に基づき、登記官が職権的に変更登記をする方策を併せて導入　　　　　　など 〔公布後5年を超えない範囲内で政令で定める日〕 ※今後、政令を制定	② 共有制度の見直し ・共有者不明の共有地の利用の円滑化 ③ 相隣関係規定の見直し ・ライフラインの設備設置権等の規律の整備 ④ 相続制度の見直し ・長期間経過後の遺産分割の見直し　　など	
（①につき） ➡ **令和6年4月1日施行**	➡ **令和5年4月1日施行**	➡ **令和5年4月27日施行**

各制度を分かりやすく説明したパンフレットは、こちらから

○　相続登記の申請義務化

　相続が発生してもそれに伴って相続登記がされない原因として、これまで相続登記の申請は任意とされており、申請をしなくても不利益は少なかったことや、相続した土地の価値が乏しい場合には、コストをかけてまで申請をする意欲がわきにくいことが指摘されていた。

　そこで、改正法により、相続登記の申請を義務化する次のルールが設けられた。

　㋐　基本的なルール

　　相続（遺言を含む。）によって不動産を取得した相続人は、その所有権の取得を知った日から3年以内に相続登記の申請をしなければならない。

　㋑　遺産分割が成立した時の追加的なルール

　　協議や審判により遺産分割が成立した場合には、不動産を取得した相続人は、遺産分割が成立した日から3年以内に、その内容を踏まえた登記を申請しなければならない。

　㋐㋑ともに、正当な理由がないのに義務に違反した場合、10万円以下の過料の適用対象となる。

　他方で、従来からの相続登記をするためには、全ての相続人を把握するための資料（戸籍謄本など）の収集について手続的な負担があることから、相続登記の申請義務をより簡易に履行することができるように、「相続人申告登記」の仕組みが設けられた。

　相続人申告登記は、登記簿上の所有者について相続が開始したことと、自らがその相

続人であることを登記官に申し出ることで、前記⑦の義務を履行することができるとするものである。

　この申出がされると、申出をした相続人の氏名・住所等が登記されるが、持分の割合までは登記されないので、全ての相続人を把握するための資料は必要ない（自分が相続人であることが分かる戸籍謄本等を提出すれば足りる。）。

　この申出に基づく登記では、相続によって権利を取得したことまでは公示されないので、相続人申告登記は従来の相続登記とは全く異なる。

○　住所等の変更登記の申請義務化

　登記簿上の所有者の氏名や住所が変更されてもその登記がされない原因として、これまで住所等の変更登記の申請は任意とされており、申請をしなくても相続人の不利益は少なかったことや、転居等の度にその所有不動産について住所等の変更登記をするのは負担であることが指摘されていた。

　そこで、改正法は、登記簿上の所有者については、その住所等を変更した日から2年以内に住所等の変更登記の申請をしなければならないこととし、正当な理由がないのに義務に違反した場合、5万円以下の過料の適用対象としている。

　併せて、申請義務の実効性を確保するための環境整備策として、登記官が他の公的機関から取得した情報（個人の場合は住基ネット、法人の場合は商業・法人登記のシステムと連携）に基づき、職権で住所等の変更登記をする仕組みが導入された。

　民事基本法制の見直しについては、以下の法務省のホームページも参照されたい。

https://www.moj.go.jp/MINJI/minji05_00343.html

第2章　共有私道の諸形態と民事法制

1　民法上の共有関係にある私道（共同所有型私道）

(1)　私道の所有形態

　共同所有型私道の具体的な例としては、下記のような形で複数の者が私道を共有するものがある。

(例)　私道の沿道の宅地の所有者（①～④）が通路として利用するために私道を共同所有する場合（※沿道の宅地所有者以外の者が私道の共有者となっている場合もある）

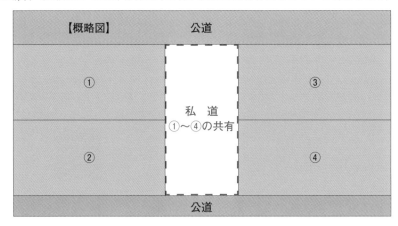

(2)　共有者間内部の法律関係

　共同所有型私道が生ずる原因については、様々なものが考えられるが、当初から複数人の共有に属していた土地が分筆され、そのうちの一部が共同所有型私道として開設されるような場合には、共有者間で私道の修繕やその費用負担の割合などの管理方法等について取決めがされていることもある。このような場合には、私道の工事は取決めに基づいて実施される。

　他方、デベロッパーが宅地を開発・分譲する際、通路を開設し、宅地の買受人に通路部分の共有持分を併せて売却することにより、宅地の所有者が私道を共有するに至る場合も多いようである。このような場合には、私道の管理方法等について、明示的な取決めがないことも多く、後に一部の共有者が私道について工事を実施する際に、他の共有者の同意の要否が問題となることがある。長年、私道を共同で使用する中で、黙示的な合意が形成されることも少なくなく、私道について工事を実施するに当たっては、まずはこうした取決めに従うことになるが、共有物の使用・管理方法等に

ついて取決めがされていない場合には、民法の共有に関する規定（民法第249条以下）により対応することとなる。

(3) 共同所有型私道の使用・変更・管理に関するルール

ア 使 用

　各共有者は、共有物の全部について、その持分に応じた使用をすることができることとされている（改正前民法第249条、改正民法第249条第1項）。私道の共有者は、持分を有しているため、私道の全体について、その持分の範囲で使用が可能である。私道の共有者は、この権限に基づき、私道を通行したり、その地下を利用したりすることができる。

　改正民法では、共有物を使用する共有者は、別段の合意がある場合を除き、他の共有者に対し、自己の持分を超える使用の対価を償還する義務を負うとされている（改正民法第249条第2項）が、共有者がそれぞれ私道を使用している場合に、「自己の持分を超える使用」をしていると評価されるケースは多くないと考えられる。

イ 変 更

　改正前民法では、共有物に変更を加える行為は、その変更の程度にかかわらず、共有者全員の同意が必要とされ（改正前民法第251条）、共同所有型私道の形状を変更するに当たっては、私道共有者全員の同意が必要と解されていた。

　しかし、共有者に与える影響が小さな変更を加える場合であっても、少数でも反対者や所在等不明者がいればこれを行うことができないため、共有物の円滑な利用や適正な管理が妨げられていた。

　そこで、改正民法では、変更を加える行為であっても、その形状又は効用の著しい変更を伴わないもの（以下「軽微変更」という。）については、共有者全員の同意を要する変更から除外し、各共有者の持分の過半数で決することができることとされている（改正民法第251条第1項、第252条第1項）。軽微変更の意義については、後記ウ参照。

ウ 管理に関する事項

　共有物の管理に関する事項は、各共有者の持分の過半数で決することとされている（改正前民法第252条本文、改正民法第252条第1項本文）。管理に関する事項とは、共有物の利用・改良行為をいう。

　一般に、私道の状態をより良好な状態とするような改良工事や、私道の利用方法の協議等は、管理に関する事項に該当し、各共有者の持分の過半数で決することになる。

　また、前記のとおり、改正民法では、変更を加える行為であっても、形状又は効用の著しい変更を伴わないものについては、各共有者の持分の過半数で決することとされた。「形状の変更」とは、その外観・構造等を変更することをいい、「効用の

変更」とは、その機能や用途を変更することをいうが、共有物に変更を加えることが軽微変更に当たるかどうかは、個別の事案ごとに、変更を加える箇所及び範囲、変更行為の態様及び程度等を総合して判断される。一般論としては、例えば、砂利道をアスファルト舗装する行為は、軽微変更に該当すると考えられる（【図1】参照）。

　なお、工事が管理に関する事項に当たり、各共有者の持分の過半数で決する場合であっても、少数者との協議の機会を設けることが望ましい。

　また、改正民法では、管理に関する事項の決定が、共有者間の決定に基づいて共有物を使用する共有者に特別の影響を及ぼすべきときは、その共有者の承諾を得なければならないとされた（改正民法第252条第3項）。ここでの「特別の影響」とは、対象となる共有物の性質に応じて、決定を変更する必要性と、その変更によって共有物を使用する共有者に生ずる不利益とを比較して、共有物を使用する共有者に受忍すべき程度を超えて不利益を生じさせることをいう（【図2】参照）。

　特別の影響の有無は、事案に応じて個別に判断されるが、例えば、共有者間の決定に基づいて特定の共有者が共同所有型私道の特定の場所に給水管を設置して水道水の供給を受けている場合において、他の共有者により、持分の過半数の決定でその給水管の設置場所を変更することとされ、相当期間水道水の供給が止められることとなってしまうケースでは、特別の影響を及ぼすべきときに当たり得ると考えられる。

エ　保　　存

　共有物の現状を維持する行為は、保存行為として各共有者が単独で行うことができる（改正前民法第252条ただし書、改正民法第252条第5項）。

　一般に、損傷した私道の補修を行う場合のように、私道の現状を維持する行為は保存行為に当たる。

オ　共有物に関する負担

　各共有者は、その持分に応じ、管理の費用を支払い、その他共有物に関する負担を負う（民法第253条第1項）。「管理の費用」とは、共有物の維持、改良等のための必要費・有益費をいう。私道の共有者は、共有私道の補修等の管理のための必要費・有益費について、その持分に応じて支払う義務を負う。

カ　変更、管理に関する事項、保存の区別

　具体的な事案において、共有者の共有物に対する工事の実施が、共有物の変更、管理に関する事項又は保存のいずれに当たるかは、個別事情によるところがあり、必ずしも明確に判断することができるわけではないが、一般論として言えば、共有物の形状・性質、共有物の従前の利用方法、工事による改変の程度その他の諸般の事情を考慮して決せられるものと考えられる。工事費用など共有者の負担の程度は、それ自体が直ちにこれらの区別の要素となるものではないが、工事費用の多寡

は、当該工事が効用の著しい変更を伴う変更に当たるかどうかの判断に当たって考慮され得る。

　なお、共同所有型私道において、工事を実施する際に、共有者中に明確に反対するものがいる場合には、当該工事が変更に当たるか管理に関する事項に当たるかについて深刻な紛争が生ずることがある。本研究会においては、基本的には、所有者又はその所在を把握することが困難な土地に焦点を当てて、ケーススタディを行っているが、反対者がいるケースについても、必要に応じて取り上げている。

【図1】 共有物の「管理」の範囲の拡大・明確化

問題の所在

1. 現行法上は、共有物に軽微な変更を加える場合であっても、変更行為として共有者全員の同意が必要（改正前民法251）と扱わざるを得ず、円滑な利用・管理を阻害
2. 賃借権等の使用収益権の設定は、基本的に持分の価格の過半数で決定できるが、長期間の賃借権等については全員同意が必要と解されており、**長期間かどうかの判断基準が明確でなく**、実務上、慎重を期して全員同意を求めざるを得ないため、円滑な利用を阻害

改正法

1. 軽微変更についての規律の整備

○　共有物に変更を加える行為であっても、**形状又は効用の著しい変更を伴わないもの（軽微変更）**については、持分の価格の過半数で決定することができる。
（改正民法251 I、252 I）

※　「形状の変更」とは、その外観、構造等を変更することをいい、「効用の変更」とは、その機能や用途を変更することをいう。具体的事案によるが、例えば、砂利道のアスファルト舗装や、建物の外壁・屋上防水等の大規模修繕工事は、基本的に共有物の形状又は効用の著しい変更を伴わないものに当たると考えられる。

〔改正民法における共有物の変更・管理・保存概念の整理〕

管理（最広義）の種類		根拠条文	同意要件
変更（軽微以外）		民251 I	共有者全員
管理（広義）	変更（軽微）	民251 I ・252 I	持分の価格の過半数
	管理（狭義）	民252 I	
保存		民252 V	共有者単独

2. 短期賃借権等の設定についての規律の整備

○　以下の〔〕内の期間を超えない短期の賃借権等の設定は、持分の価格の過半数で決定することができる（改正民法252 IV）。
(1) 樹木の植栽又は伐採を目的とする山林の賃借権等　〔10年〕
(2) (1)に掲げる賃借権等以外の土地の賃借権等　〔5年〕
(3) 建物の賃借権等　〔3年〕
(4) 動産の賃借権等　〔6か月〕

※　借地借家法の適用のある賃借権の設定は、約定された期間内での終了が確保されないため、基本的に共有者全員の同意がなければ無効。
　　ただし、一時使用目的（借地借家法25、40）や存続期間が3年以内の定期建物賃貸借（借地借家法38 I）については、持分の価格の過半数の決定により可能であるが、契約において、更新がないことなど所定の期間内に賃貸借が終了することを明確にする工夫が必要。

【図2】 共有物を使用する共有者がいる場合のルール

問題の所在

1. 共有物を使用する共有者がいる場合に、その共有者の同意がなくても、持分の価格の過半数で共有物の管理に関する事項を決定できるかは明確でない。→無断で共有物を使用している共有者がいる場合には、他の共有者が共有物を使用することは事実上困難
2. 各共有者はその持分に応じて共有物を使用することができるが（改正前民法249）、共有物を使用する共有者は、他の共有者との関係でどのような義務を負うのか明確ではなく、共有者間における無用な紛争を惹起するおそれ

改正法

1. 管理に関する事項の決定方法

○　共有物を使用する共有者がある場合でも、**持分の過半数で管理に関する事項を決定することができる**（改正民法252 I 後段）。
→共有者間の定めがないまま共有物を使用する共有者の同意なく、持分の過半数で共有物をそれ以外の共有者に使用させる旨を決定することも当然に可能。

※　配偶者居住権が成立している場合には、他の共有者は、持分の過半数により使用者を決定しても、別途消滅の要件を満たさない限り配偶者居住権は存続し（民法1032 IV、1038 III 参照）、配偶者居住権を消滅させることはできない。また、共有者間の決定に基づき第三者に短期の賃借権等を設定している場合に、持分の過半数で当該賃貸借契約等の解約を決定したとしても、別途解除等の消滅の要件を満たさない限り賃借権等は存続する。

○　管理に関する事項の決定が、共有者間の決定に基づいて共有物を使用する共有者に特別の影響（※）を及ぼすべきときは、その共有者の承諾を得なければならない（改正民法252 III）。

※　「特別の影響」とは、対象となる共有物の性質に応じて、決定の変更等をする必要性と、その変更等によって共有物を使用する共有者に生ずる不利益とを比較して、共有物を使用する共有者に受忍すべき程度を超えて不利益を生じさせるかをいい、その有無は、具体的事案に応じて判断される。
　　例：A、B及びCが各3分の1の持分で建物を共有している場合において、過半数の決定に基づいてAが当該建物を住居として使用しているが、Aが他に住居を探すのが容易ではなく、Bが他の建物を利用することも可能であるにもかかわらず、B及びCの賛成によって、Bに当該建物を事務所として使用させる旨を決定するケース

2. 共有物を使用する共有者の義務

・共有物を使用する共有者は、他の共有者に対し、自己の持分を超える使用の対価を償還する義務を負う。ただし、共有者間で無償とするなどの別段の合意がある場合には、その合意に従う。（改正民法249 II）
・共有者は、善良な管理者の注意をもって、共有物の使用をしなければならない。（改正民法249 III）

⑷　所在等不明共有者がいる場合における共同所有型私道の変更・管理

ア　新制度の概要（【図3】参照）

　　前記のとおり、共有者は、他の共有者全員の同意を得なければ、共有物に変更を加えることができないため（改正前民法第251条）、共有者が他の共有者を知ることができず、又はその所在を知ることができないときは、その同意を得ることができず、共有物に変更を加えることができなくなる。また、管理に関する事項は共有者の持分の過半数で決定することとされているため（改正前民法第252条）、共有者が他の共有者を知ることができず、又はその所在を知ることができないときは、その共有者の持分の割合によっては、管理に関する事項を決定することができない事態が生ずる。

　　そこで、改正民法では、共有者が他の共有者を知ることができず、又はその所在を知ることができないときは、裁判所の決定により、①所在等不明共有者（共有者において知ることができず、又はその所在を知ることができない他の共有者をいう。以下同じ。）以外の共有者全員の同意により共有物に変更を加えることができることとされるとともに、②所在等不明共有者以外の共有者の持分の過半数により管理に関する事項を決することができることとされている（改正民法第251条第2項及び第252条第2項第1号）。

イ　要件等

　　所在等不明共有者以外の共有者による変更・管理の裁判の要件は、「共有者が他の共有者を知ることができず、又はその所在を知ることができないとき」である。

　　共有者が他の共有者を知ることができないときとは、共有者において、他の共有者の氏名・名称などが不明であり、特定することができないことを意味する。

　　他方、共有者が他の共有者の所在を知ることができないときについては、「他の共有者」がどのような者であるかによって次のように分けられる。

　　⒜　自然人

　　　「他の共有者」が自然人である場合には、共有者において、他の共有者の住所・居所を知ることができないときを意味する。

　　　なお、自然人である共有者が死亡しているが、その相続人の存在が不明であるケースでは、相続財産管理人等がいない限り、「共有者を知ることができず、又はその所在を知ることができない」に該当する。

　　⒝　法人

　　　「他の共有者」が法人である場合には、共有者において、①他の共有者の事務所の所在地を知ることができず、かつ、②他の共有者の代表者の氏名等を知ることができないとき（他の共有者の代表者がいない場合を含む。）又はその代表者の所在を知ることができないときを意味する。代表者がおり、その所在を知

ることができるのであれば、代表者との間で協議等をすることができるため、法人である共有者の所在を知ることができないと評価することはできない。

　　なお、いわゆる権利能力なき社団についても、基本的には、法人と同じ基準により判断されることになる。

　いずれのケースにおいても、要件の充足が認められるためには、共有者において私道（土地）の不動産登記簿や住民票等の公的記録の調査など必要な調査をしても、他の共有者を特定することができない、又はその所在を知ることができないことが必要となる。そのほか、事案にもよるが、当該私道の利用状況を確認したり、他に連絡等をとることができる共有者がいればその者に確認したりするなどの調査も必要となると解される。

ウ　手続の流れ

　共有者は、共同所有型私道で変更行為や管理に関する事項に当たる工事を行おうとする場合において、他の共有者の所在等が不明であるときは、私道の所在地の地方裁判所に、所在等不明共有者以外の共有者による変更・管理の裁判を申し立てることになる。その際には、変更行為や管理に関する事項に当たる工事の概要を特定して申し立てる必要がある。

　要件の充足が認められ、裁判所における公告及び1か月以上の異議届出期間を経てもなお所在等不明共有者とされている者から異議の届出がされないときは、所在等不明共有者以外の共有者による変更・管理の裁判がされ、申立人に告知がされる（非訟事件手続法第56条第1項、改正非訟事件手続法第85条第6項）。

　所在等不明共有者以外の共有者による変更・管理の裁判をする前に所在等不明共有者とされている者から異議の届出がされた場合には、その共有者は特定され、その所在も明らかになるため、実体法上の要件を欠き、その裁判をすることはできない。

　所在等不明共有者以外の共有者による変更の裁判がされた場合には、所在等不明共有者以外の共有者全員の同意により共有物に変更を加えることができるようになる。また、所在等不明共有者以外の共有者による管理の裁判がされた場合には、所在等不明共有者以外の共有者の持分の過半数により管理に関する事項を決することができるようになる。

　これらの裁判は、上記の効力を有するにとどまり、実際に共有物に変更を加えるには、別途、所在等不明共有者以外の共有者の同意を得る必要がある。また、管理に関する事項については、別途、所在等不明共有者以外の共有者の持分の過半数により決定する必要がある。

　例えば、A、B、C、D、Eが5分の1ずつの割合で共有するコンクリート舗装された坂道につき、A・B・Cがその全体にコンクリートの階段を設置する場合において、D・Eの所在が不明であるときには、A・B・Cは、所在等不明共有者以

外の共有者による変更の裁判を得た上で、Ａ・Ｂ・Ｃの全員が同意することにより、その工事をすることができる（後記【事例30】参照）。

　　また、Ａ、Ｂ、Ｃ、Ｄ、Ｅが５分の１ずつの割合で共有する砂利道につき、Ａ・Ｂがアスファルト舗装する（軽微変更。前記(3)ウ参照）場合において、Ｃが反対し、Ｄ・Ｅの所在が不明であるときには、Ａ・Ｂは、所在等不明共有者以外の共有者による管理の裁判を得た上で、Ａ、Ｂ、Ｃの合計持分の過半数（３分の２）の決定で、その工事をすることができる（後記【事例５】参照）。

【図３】　所在等不明共有者がいる場合の変更・管理

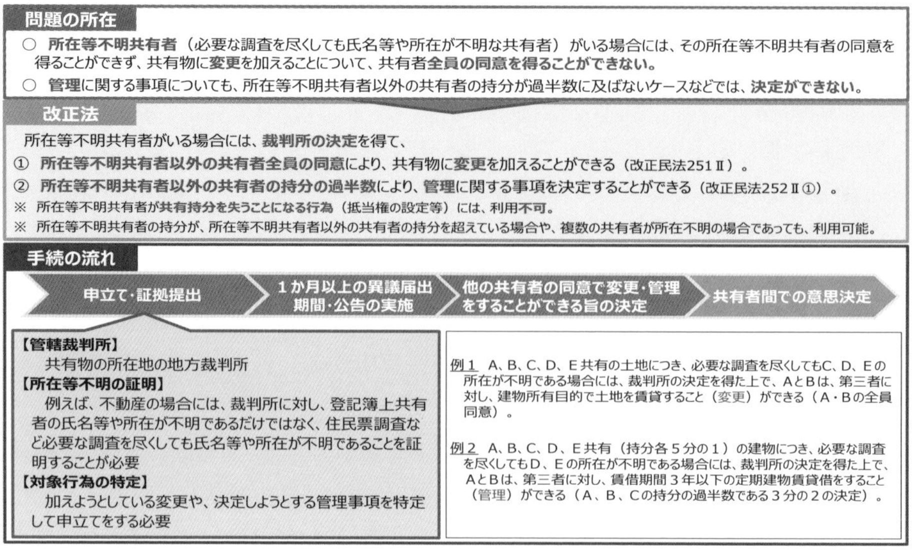

(5)　賛否不明共有者がいる場合における共同所有型私道の管理

ア　新制度の概要（【図４】参照）

　　民法は、共有物の管理に関する事項は、共有者の持分の過半数で決定することとし（改正前民法第252条）、その実施を共有者間の協議・決定に委ねている。

　　もっとも、社会経済情勢の変化に伴って、共有者が共有物から遠く離れて居住・活動していることや、共有者間の人的関係が希薄化していることも多くなり、共有物の管理に関心を持たず、連絡等をとっても明確な返答をしない共有者がいるため、共有者間で決定を得ることが容易でなくなっている。

　　そこで、改正民法では、相当の期間を定めて共有物の管理に関する事項を決することについて賛否を明らかにすべき旨を催告しても、相当の期間内に賛否を明らかにしない共有者がある場合には、裁判所の決定を得て、賛否不明共有者以外の共有者の持分の過半数の決定により管理に関する事項を決することができることとされている（改正民法第252条第２項第２号）。

　　なお、この仕組みは、管理に関する事項（軽微変更を含む。）に限ってその対象と

するものであり、共有物に形状又は効用の著しい変更を伴う変更行為を対象とするものではない。

イ　要　件　等

　　賛否不明共有者以外の共有者による管理の裁判の要件は、①共有者が、他の共有者に対し、相当の期間を定めて、共有物の管理に関する事項を決することについて賛否を明らかにすべき旨を催告したこと、②催告を受けた他の共有者がその期間内に賛否を明らかにしないことである。

　　①の「相当の期間」は、催告を受けた共有者が賛否の判断の検討のために要する期間を指すが、事案ごとの判断ではあるものの、通常、催告を受けた日から2週間程度が必要になると解される。催告をする際には、その相手方が賛否を明らかにすることができるように、決定することを希望する事項を具体的に特定しなければならない。催告の方法について法律上の制限はないが、後の裁判において催告の事実を立証するために、書面等で行うことが想定される。

ウ　手続の流れ

　　共有者は、共同所有型私道に管理に関する事項に当たる工事を行おうとする場合において、事前に他の共有者に対して相当の期間を定めて当該工事をすることについて賛否を明らかにすべき旨を催告したがその期間内に賛否が明らかにされなかったときは、私道の所在地の地方裁判所に、賛否不明共有者以外の共有者による管理の裁判を申し立てることになる。その際には、管理に関する事項に当たる工事の概要を特定して申し立てる必要がある。

　　要件の充足が認められ、裁判所からの通知及び1か月以上の賛否明示期間を経てもなお賛否が明らかにされないときは、賛否不明共有者以外の共有者の持分の過半数の決定により管理に関する事項を決することができる旨の裁判がされ、賛否不明共有者に告知がされる（非訟事件手続法第56条、改正非訟事件手続法第85条第2項・第3項）。賛否明示期間内に賛否を明らかにした共有者がいる場合には、裁判所は、その共有者については上記の裁判をすることができない（改正非訟事件手続法第85条第4項）。

　　賛否不明共有者が告知を受けた日から2週間の不変期間内に即時抗告をしないことなどによりこの裁判が確定すると（非訟事件手続法第56条第4項、第67条）、裁判の効力が生じ、賛否不明共有者以外の共有者の持分の過半数により管理に関する事項に当たる工事の実施を決定することができるようになる（改正非訟事件手続法第85条第5項）。

　　この裁判は、上記の効力を有するにとどまり、実際に工事を実施するには、別途、賛否不明共有者以外の共有者の持分の過半数により決定する必要がある。

　　例えば、A、B、C、D、Eが5分の1ずつの割合で共有する砂利道につき、A・Bがアスファルト舗装をすること（軽微変更。前記(3)ウ参照）について他の共有

者に事前催告をしたが、D・Eは賛否を明らかにせず、Cが反対した場合には、A・Bは、賛否不明共有者以外の共有者による管理の裁判を得た上で、A、B、Cの合計持分の過半数（3分の2）の決定で、その工事をすることができる（後記【事例5】参照）。

【図4】 賛否を明らかにしない共有者がいる場合の管理

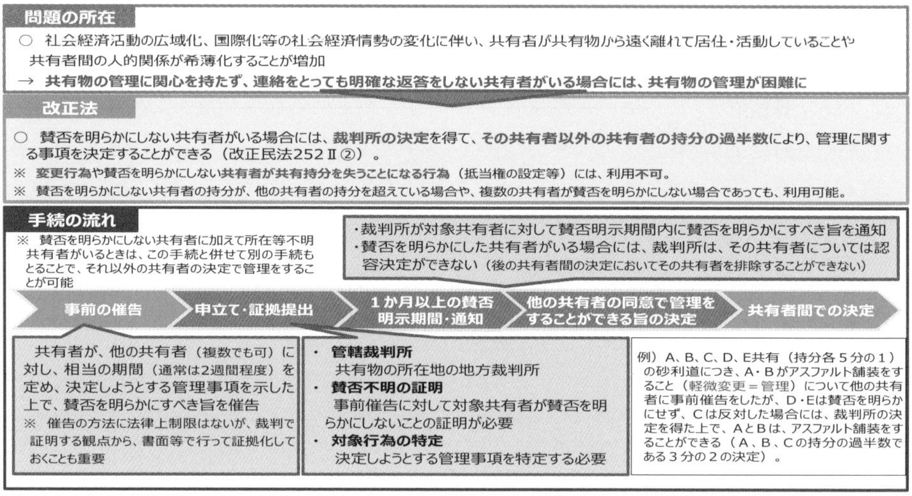

⑹ 遺産共有の場合について

　相続人が数人あるときは、相続財産はその共有に属することとされ（改正前民法第898条、改正民法第898条第1項）、相続人は、相続財産に属する個々の財産について共有持分を有する（以下相続財産の共有を「遺産共有」という。）。遺産共有は、民法第249条以下に規定する「共有」とその性質を異にするものではないと解されており（最判昭和30年5月31日民集9巻6号793頁）、民法第249条以下の共有に関する規定は、基本的に、遺産共有にも適用される。

　そのため、前記⑶～⑸の各ルールは、私道が遺産共有されている場合にも、適用されるものである。

　また、改正民法では、相続財産について共有に関する規定を適用するときは、法定相続分（相続分の指定がある場合には、指定相続分）を基準とすることを明記している（改正民法第898条第2項）ため、管理に関する事項は、法定相続分又は指定相続分を基準とした共有持分の過半数をもって決せられることになる（改正民法第252条第1項本文）。

2　民法上の共有関係にはない私道（相互持合型私道）

(1)　私道の所有形態

　相互持合型私道は、典型的には、私道付近の宅地を所有する複数の者が、それぞれの所有する土地を通路として提供し、私道がこうした数筆の土地により形成されているものである。

　相互持合型私道は、デベロッパーが一団の土地を数個の宅地に分譲する際、分譲地取得者のために通路を開設し、その通路の敷地（以下「通路敷」という。）に当たる部分も各宅地の譲受人の所有となるように分筆した上で、宅地と分筆された通路敷を併せて譲渡することにより生じることが多い。

　具体的な持合形態としては、例①のように、通路敷を縦に細長く切り分けて宅地の所有者に分属させる形で開設するパターンがある。また、例②のように、通路敷を横に切り分けて宅地の所有者に分属させる形で開設するパターンもある。この場合、宅地とそれに接する通路敷の土地とが同一の所有者に属さないように、分属させることもある。

(例)
①　通路敷を縦に切り分ける場合

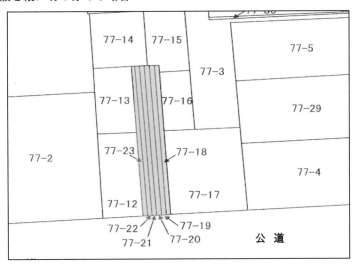

② 通路敷を横に切り分ける場合

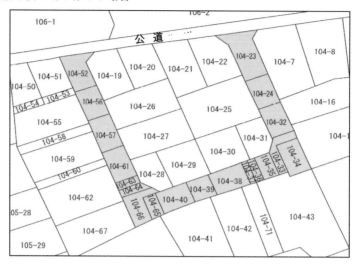

(2) 法律関係

　相互持合型私道における各土地の所有者は、互いに各自の所有宅地の便益のために、通行等を目的とする地役権（民法第280条本文。以下「通行地役権」という。）を設定していると考えられている。地役権とは、他人の土地（以下「承役地」という。）を自己の土地（以下「要役地」という。）の便益に供する権利のことをいい、要役地の便益のために他人の土地を利用することのできる権利である。

　相互持合型私道を所有者間で合意して開設する場合には、通行地役権の設定が明示的にされることが多いものと考えられる。また、デベロッパーが一団の土地を分譲して譲渡する際に相互持合型私道を開設する場合は、分譲地の購入者は、それぞれ、公道から自己の宅地に至るまでには、他の宅地の購入者の所有する通路敷を通行しなければならず、また、他の宅地の購入者が公道から当該宅地に至るまでには、自己の所有する通路敷を通行しなければならないことを認識して取得しているのであり、相互に譲り受けた土地について黙示の地役権の設定がされていることが通常である。

　裁判例においても、複数名が特定部分の土地を提供し合って開設されている私道については、明示の合意がなくとも、黙示の通行地役権の設定がされたものと認められるとした事例や、分譲者が私道を開設し通路敷を分割して各分譲地買受人に対して譲渡した場合に、各分譲地譲受人間において黙示の通行地役権が設定されているとした事例がある。

　このことは、前記(1)の例①、②のいずれにおいても同様であると考えられる。

　なお、通行地役権は、他人の土地を通行等の目的のために使用することのできる用益物権であり、他の物権と同様、設定行為とは別に、時効により取得することも可能である（民法第163条、第283条）。

(3) 通行地役権の内容及び効力

ア　地役権の内容及び効力は、設定行為により定められる。承役地所有者が、設定行為又は設定後の契約によって、自己の費用で通行地役権行使のために工作物を設け、又はその修繕をする義務を負担したときは、これに従って工作物の設置・修繕をしなければならない（民法第286条参照）。

　　相互持合型私道に設定される通行地役権においては、私道となっている通路敷全体が通行地役権の目的として提供されているところ、デベロッパーが分譲の際に相互持合型私道を開設する場合には、当該私道は、公道に至るまでの通行経路としてだけではなく、宅地に居住する者の生活に必要なライフラインの設置経路としても設計されることが多い。このような場合には、分譲時点で、上水道や下水道の導管が私道の地中に設置され、電柱が地上に設置されていることになる。

　　このような相互持合型私道においては、地役権の内容は、通行のみならず、ライフラインの設置・利用を含むことになるのが通常である。

イ　要役地所有者は、一般に、地役権に基づき、設定行為により定められた目的の達成のために必要な限度で、承役地を使用することを承役地所有者に受忍させることができる。

　　例えば、相互持合型私道における承役地に損傷が生じ、通行に支障を来した場合には、要役地所有者は、通行の目的を果たすため、道路補修工事を実施することができると考えられる。

　　また、このような場合には、要役地所有者は、承役地所有者に対して、当該承役地の修繕を求めることもできると考えられる。

3　団地の法律関係

(1) 共同所有型私道と団地

　　共同所有型私道においては、前記1(2)のとおり、分譲の際に私道が設けられ、これに接する各宅地所有者が共有持分を取得することが多く、私道とこれと接する各宅地とは、一団の土地を形成していると見ることが可能である。このような各宅地と共同所有型私道に関しては、民法の特別法である建物の区分所有等に関する法律（昭和37年法律第69号。以下「区分所有法」という。）第2章の「団地」に関する規定が適用されることがあると考えられるため、これについて解説しておく。

　　区分所有法の団地に関する規定が適用されるためには、①一団地内に数棟の建物があること、②その団地内の土地（これに関する権利を含む。）等が①の建物の所有者の共有に属するという関係があることが必要である（区分所有法第65条）。

　　ここでいう「一団地」とは、客観的に一区画をなしていると見られる土地の区域で

あるとされているところ、共同所有型私道とこれに接する各宅地とは、客観的に一区画をなしていると認められる場合がある。また、その区画内にある建物は、区分所有建物であっても、それ以外の戸建て建物であってもよく、区分所有建物とそれ以外の建物が混在して構成される場合もあるとされており、団地内の私道がそれらの建物の所有者（専有部分のある建物にあっては、区分所有者）の共有に属する共同所有型私道の場合には、区分所有法が適用されることになる。

　なお、建物の区分所有関係と異なり、特に戸建て建物が介在する団地関係においては、関係者が団地関係にあることを認識していないことも少なからずあると考えられる。団地内で規約を定めるなどの特段の措置を講じていない限りは、民法の共有に関する規律（改正民法で創設されたものを含む。）の適用が排除されるものではないと考えられる。

　上記①及び②の要件をみたすものとして、次のようなものが考えられる。

【図5－1】

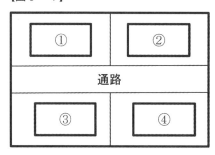

各棟の敷地の所有関係は各棟ごとに区分されている（各棟が区分所有建物であれば、それぞれ各棟の区分所有者のみの共有になっている）が、通路部分の土地が全棟の所有者の共有に属する場合

【図5－2】

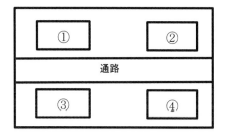

①、②の建物の敷地はその建物の所有者全員が共有し、③、④の建物の敷地はその建物の所有者全員が共有し、かつ、通路部分の土地は①～④の建物の所有者全員が共有している場合

【図5－3】

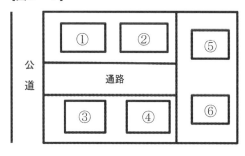

各棟の敷地の所有関係は①・②、③・④、⑤・⑥の建物所有者ごとに区分されており、①～⑥の建物の所有者が通路部分の土地を共有している場合

(2) 団地における法律関係と共同所有型私道の工事への活用

区分所有法上の団地に該当する場合には、団地内建物の所有者(区分所有者を含む。以下「団地建物所有者」という。)は、法律上当然に、全員で、その団地内の共有土地等の管理を行うための団体(いわゆる団地管理組合)を構成する。そして、団地管理組合においては、区分所有法の定めるところにより、集会を開き、規約を定め、管理者を置くことができることとされている(区分所有法第65条)。

その趣旨は、マンションなどの区分所有建物における管理組合と同様、団地建物所有者は、団地内の土地等を共有し、共同使用するものであるから、共有する土地等を管理するに当たっては、団体的拘束に服させることが相当と考えられることにある。

そして、共同所有型私道とこれに接する宅地が一団地をなす場合には、私道の工事につき、集会を開いて決議をする制度を活用することで、円滑な工事の実施につなげることができる。

すなわち、民法によれば、共有物の形状又は効用の著しい変更を伴う変更行為は、共有者の全員の同意によることが必要となる(改正民法第251条第1項)。

これに対し、団地管理組合関係のもとでは、土地の形状又は効用の著しい変更を伴う変更行為であっても、団地建物所有者及び議決権の各4分の3以上の多数による集会の決議で決することができる(区分所有法第66条において準用する同法第17条、第18条)。

したがって、共同所有型私道とこれに接する宅地が客観的に見て一団地を構成する場合には、私道の工事が民法上は上記の共有物の変更に当たるときであっても、所定の手続を経れば、一定の多数決で施工することが可能となり、私道共有者の一部が所在等不明であるケースや工事に賛成しないケースにも対応することができると考えられる[1]。

(3) 団地管理組合の集会の手続(【図6】参照)

共同所有型私道を含む団地関係においては、規約が定められていたり、管理者が置かれたりすることはまれであると考えられる。

そこで、以下では、規約も管理者もない団地において、共同所有型私道の共有者の

---

1 なお、団地内の私道共有者の一部が所在等不明である場合においても、改正民法第251条第2項の裁判の制度を用いることにより、所在等不明共有者以外の共有者全員の同意を得て、私道に変更を加えることができる。

　もっとも、この場合において、改正民法第251条第2項に基づく裁判の内容は、「当該他の共有者以外の他の共有者の同意を得て共有物に変更を加えることができる旨の裁判」であり、これに区分所有法第66条において準用される同法第17条第1項を更に適用することは想定されていないことから、所在等不明共有者以外の団地建物所有者及び議決権の各4分の3以上の多数による集会の決議で変更行為を決することはできないものと解される(所在等不明共有者を含め、団地建物所有者及び議決権の全てを母数として、その各4分の3以上の多数による集会の決議で決する必要がある。)。

一部が所在等不明であるために、共有物の形状又は効用の著しい変更を伴う変更工事につき、共有者全員の承諾が得られない場合の集会の手続について概説する（以下で引用した区分所有法の規定は、同法第66条において準用されているものである。）。

ア　集会の招集

　　団地建物所有者の５分の１以上で議決権（＝私道の持分割合）の５分の１以上を有するものは、集会を招集することができる（第34条第５項）。

　　集会の招集通知は、会日より少なくとも１週間前に、会議の目的たる事項を示して、各団地建物所有者に発しなければならず（第35条第１項）、会議の目的たる事項が、共有物の形状又は効用の著しい変更を伴うものであるときは、その議案の要領をも通知しなければならない（同条第５項）。

　　なお、招集通知は、団地建物所有者の所有する建物が所在する場所に宛ててすれば足り、招集通知は、通常それが到達すべき時に到達したものとみなされる（同条第３項）。

イ　集会の決議

(ア)　集会においては、集会を招集した団地建物所有者の一人が議長となる（第41条）。

(イ)　集会においては、招集通知によりあらかじめ通知した事項についてのみ、決議することができる（第37条第１項）。

(ウ)　共同所有型私道の軽微変更は、土地の管理に関する事項（第18条第１項）とされ、これに関する集会の議事は、団地建物所有者及び議決権（＝私道の持分割合）の各過半数で決する（第39条第１項）。すなわち、団地建物所有者の頭数の過半数と共有物である私道の持分割合の過半数の両方を満たす必要があり、例えば、団地建物所有者がA、B、C、Dの４名である場合に、私道の持分割合がA、B、Cが各12分の１、Dが４分の３であるときには、A、B及びCの賛成があるだけでは、団地建物所有者の頭数において過半数であるにとどまり、議決権の過半数が得られていないため、決議は成立しない。

　　他方、共同所有型私道の形状又は効用の著しい変更を伴う変更行為については、団地建物所有者及び議決権の各４分の３以上の多数により、集会の決議で決する（第17条第１項）。

　　これらの場合において、土地の管理・変更が建物の使用に特別の影響を及ぼすべきときは、その建物の所有者の承諾を得なければならない（同条第２項、第18条第３項）。

(エ)　また、団地内にある建物が複数人の共有となっている場合には、共有者のうち一名を議決権を行使する者として定めなければならない（第40条）。招集通知は、当該議決権行使者に対してすれば足り、議決権行使者が選定されていない場合には、共有者の一人に対してすれば足りる（第35条第２項）。

　　なお、議決権の行使は、書面又は代理人によることが可能であり、遠方に居住

する団地建物所有者は、書面により議題に対する意思表示をすることができ、また、代理人を選任し、代理人による議決権の行使をすることが可能である（第39条第2項）。

(オ)　上記のとおり、区分所有法上、団地内の共有土地の変更が、その形状又は効用の著しい変更を伴うものかどうかで決議の要件が異なるが、実務上、共有私道に加える行為が、著しい変更を加えるものかどうかの判断がつきにくいことも少なくない。そこで、所在等不明者の持分割合が比較的小さく、他の共有者の賛成で4分の3以上の同意を得られることが確実であれば、上記アで説明したとおり、招集通知に議案の要領（共有私道に著しい変更を加えるその内容）を通知し、上記の多数決による決議を行うことも考えられる。

ウ　議事録の作成・保管・閲覧

集会の議事については、議長は、書面又は電磁的記録により、議事録を作成しなければならず（第42条第1項）、議事録には、議事の経過の要領及びその結果を記載・記録しなければならない（同条第2項）。議事録が書面で作成されているときは、議長及び集会に参加した団地建物所有者の二人が署名しなければならない（同条第3項）。そして、①作成された議事録は、集会の決議で定められた団地建物所有者が保管しなければならず（同条第5項、第33条第1項）、その保管をする者は、利害関係人（団地建物所有者等）からの請求があったときは、正当な理由がない限り、議事録の閲覧を拒むことはできない（第42条第5項、第33条第2項）。

【図6】 団地管理組合の集会の流れ

招集通知の発出

① 団地建物所有者の5分の1以上で議決権（私道の持分割合）の5分の1以上を有するものによる。
② 招集通知は、会日より少なくとも1週間前にする。
③ 招集通知には会議の目的たる事項を示す。
④ 共有物の形状又は効用の著しい変更を伴う場合は、その議案の要領も示す。
⑤ 招集通知は団地建物所有者の所有する建物が所在する場所に宛ててすれば足り、通常それが到達すべき時に到達したものとみなされる。

団地の集会

① 議長は、集会を招集した団地建物所有者の一人が務める。
② 共有物の形状又は効用の著しい変更を伴うものに係る議事は、原則として、団地建物所有者及び議決権（私道の持分割合）の各4分の3以上の多数で決する。
③ 議決権の行使は、書面又は代理人によることが可能。
④ 議長は議事録（書面又は電磁的記録）を作成しなければならない。

議事録の保管・閲覧

① 議事録は、集会の決議で定められた団地建物所有者が保管しなければならない。
② 議事録を保管する者は、利害関係人（団地建物所有者等）からの請求があったときは、正当な理由がない限り、議事録の閲覧を拒むことはできない。

4 財産管理制度等

　私道の工事を行おうとする際に、所有者（共有者）の全員の同意を要する場合や共有者の持分の過半数の同意を要する場合がある。このような場合において、同意を得る必要がある所有者（共有者）の一部の所在が不明であったり、所有者（共有者）の一部が死亡し、その者に相続人のあることが明らかでないために、必要な同意を得ることが困難であったりするときには、財産管理制度を利用し、家庭裁判所により選任される財産管理人から私道の工事等に関する同意を得ることが考えられる。

　財産管理制度には、①不在者財産管理制度、②相続財産管理（清算）制度があるほか、残余財産の清算の必要な法人については、③会社法等に基づく清算人の選任が可能とされている。加えて、改正民法では、所有者不明土地の管理に特化した財産管理制度として、④所有者不明土地管理制度が新たに設けられた。

　以下では、各財産管理制度の概要及び手続について紹介する[2]。

(1) 不在者財産管理制度

ア　制度の概要

　不在者財産管理制度は、住所や居所を去って容易に戻る見込みのない者（不在者）がいる場合に、利害関係人又は検察官の請求により、家庭裁判所が財産管理人の選任等財産の管理について必要な処分をして、不在者の財産の管理を行う制度である（民法第25条以下）。

イ　要　件　等

　私道の所有者（共有者）の一部について、不在者財産管理制度を利用するためには、その者が「住所や居所を去って容易に戻る見込みのない者」である必要がある。

　不在者は、生死不明であるか否かを問わない。生死不明の者であっても、死亡が証明されるか、失踪宣告（民法第30条）を受けるまでは、不在者に当たる。

　不在者財産管理人の選任を請求することができるのは、利害関係人又は検察官である（民法第25条第1項）。利害関係人とは、法律上の利害関係を有する者であり、不在者の財産が法律上管理されることにつき実益を有する者であれば、法律上の利害関係があるといえる。利害関係があるか否かについては、最終的には家庭裁判所により判断されることとなるが、共同所有型私道の工事を行う際に管理に関する事項を定めたり、変更行為を行ったりする場合や、相互持合型私道について工事を行

2　国土交通省・所有者の所在の把握が難しい土地への対応方策に関する検討会「所有者の所在の把握が難しい土地に関する探索・利活用のためのガイドライン（第3版）」42頁以下に、不在者財産管理制度及び相続財産管理（清算）制度の利用に当たっての詳細な情報が掲載されているので、あわせて参照されたい。

う場合において、同意を得ることが必要な所有者（共有者）が不在者であるときは、一般に、工事の実施を希望する他の所有者（共有者）は、利害関係人に該当するものと考えられる。

また、特措法第38条第1項（改正特措法第42条第1項）は、不在者財産管理人の選任請求権者に関する民法の特則規定を設けており、国の行政機関の長又は地方公共団体の長は、所有者不明土地につき、その適切な管理のため特に必要があると認められる場合には、利害関係の有無を問わず、不在者財産管理人の選任請求をすることができることとされている。ここでいう「所有者不明土地」とは、「相当な努力が払われたと認められるものとして政令で定める方法により探索を行ってもなおその所有者の全部又は一部を確知することができない一筆の土地」をいうとされている（同法第2条第1項）。また、例えば、一般の通行の用に供されている所有者不明の私道が老朽化して通行人の生命身体に危険が生ずるおそれがあるため、私道を補修する必要がある場合は、「その適切な管理のため特に必要があると認めるとき」に当たるとされている（国土交通省不動産・建設経済局「所有者不明土地の利用の円滑化等に関する特別措置法Q＆A」（令和3年4月））。

ウ　手続の流れ

不在者財産管理事件の手続の流れは、【図7】のとおりである。

（ア）　不在者財産管理人の選任申立て

不在者財産管理人の選任の申立ては、不在者の従来の住所地又は居所地を管轄する家庭裁判所に行う必要がある（家事事件手続法第145条）。従来の住所地及び居所地がいずれも不明である場合には、財産の所在地を管轄する家庭裁判所又は東京家庭裁判所が管轄裁判所となる（家事事件手続法第7条、家事事件手続規則第6条）。

不在者財産管理人の選任を申し立てる際には、不在者が不在となった経緯や帰来の可能性、申立人の利害関係の内容等を記載した申立書を提出する。申立添付資料として、一般には、不在者の戸籍謄本、不在者の戸籍附票写し、不在の事実を証する資料（宛所に尋ね当たらないとの理由で返戻された不在者宛ての手紙、警察署長の発行する行方不明者届受理証明書等）、不在者の財産に関する資料（不動産登記事項証明書等）、申立人の利害関係を証する資料（共有私道の不動産登記事項証明書等）等の提出が求められる。

なお、申立ての際に、管理人の報酬を含む財産の管理に要する費用の予納を不在者の財産から賄うことができないことが見込まれる場合には、家庭裁判所の判断により、管理費用の予納を命じられる[3]。

（イ）　不在者財産管理人による私道の管理

家庭裁判所により不在者財産管理人が選任された場合、不在者財産管理人が不在者の財産の管理を行うこととなるため、私道の工事等を行う場合において、不

在者である所有者（共有者）の同意を得る必要があるときには、不在者財産管理人による同意を得ることにより、工事等を行うことができるようになる。

　もっとも、不在者財産管理人の権限は、原則として、保存行為及び目的である物又は権利の性質を変えない範囲内において、その利用又は改良を目的とする行為に限定されている（民法第28条、第103条）。不在者財産管理人が、このような権限を超える行為を行う必要がある場合には、家庭裁判所の許可（民法第28条前段）を得る必要がある。したがって、私道について所有者（共有者）全員の同意が必要となるような工事を行う際には、一般には、不在者財産管理人は家庭裁判所の許可を得る必要がある。権限外行為に当たるか否かについて疑義がある場合には、家庭裁判所に許可を受ける必要があるか否か相談することが望ましい。

（ウ）　不在者財産管理人による管理の終了

　家庭裁判所は、①不在者が財産を管理することができるようになったとき、②管理すべき財産がなくなったとき、③その他財産の管理を継続することが相当でなくなったときは、不在者、不在者財産管理人若しくは利害関係人の申立てにより又は職権で、不在者財産管理人の選任その他の不在者の財産の管理に関する処分の取消しの審判をしなければならないこととされている（家事事件手続法第147条）。③の「財産の管理を継続することが相当でなくなったとき」とは、不在者の死亡が明らかになった場合や、不在者の財産の管理の必要性や財産の価値に比して管理の費用が不相当に高額になるような場合等をいうものとされている。

3　なお、国土交通省においては、令和4年度予算において、市町村が作成する「所有者不明土地対策計画」に基づき、所有者不明土地対策を実施する地方公共団体等を支援するための補助制度を創設している。当該補助制度の中では、市町村長等が負担することとなる不在者財産管理人の選任を申し立てる際の予納金についても、支援の対象となっている。

不在者財産管理人選任の申立て

↓

審　理

・関係官署に対する調査
・親族や財産管理人候補者への照会

↓

不在者財産管理人選任の審判

↓

管理人による管理

権限外行為許可の申立て

・土地売買契約の締結のため
・遺産分割協議のため　等

許可審判

↓

管理終了原因の発生

・不在者本人が財産を管理することができるようになったとき
・管理すべき財産がなくなったとき
・不在者の死亡が判明したとき　等

管理人に対する報酬付与の申立て

↓

報酬付与審判

↓

不在者・不在者の相続人等に対する
管理財産の引継ぎ

↓

不在者財産管理人の選任処分取消しの審判
（申立て又は職権）

　　　…申立人が家裁に対して行うこと

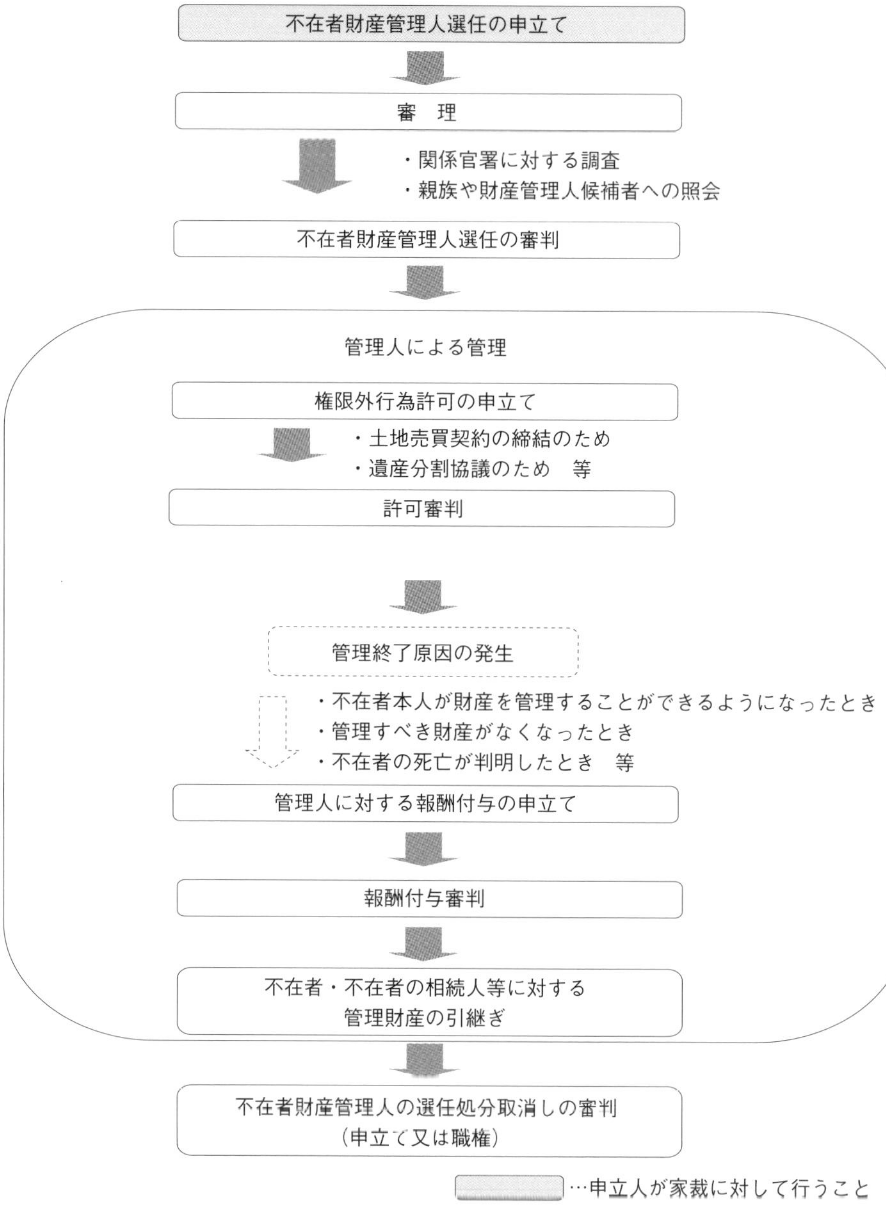

(2) 相続財産管理制度（改正民法における相続財産清算制度）

ア 制度の概要

相続財産管理制度は、相続人のあることが明らかでないときに、利害関係人又は検察官の請求により、家庭裁判所が相続財産管理人を選任し、相続人を捜索しつつ相続財産を管理・清算し、最終的には残余財産を国庫に帰属させる制度である（民法第952条以下）。

なお、改正前民法においては、この制度により選任される者は「相続財産の管理人」と呼称されているが、改正民法では、その職務の内容に照らして、「相続財産の清算人」に名称が改められた。

イ 要件等

相続財産管理制度（相続財産清算制度）を利用するためには、私道の所有者（共有者）の一部が死亡した場合において、その者に「相続人のあることが明らかでないとき」に該当する必要がある（民法第951条、第952条第1項）。

「相続人のあることが明らかでないとき」の例としては、戸籍上法定相続人がいない場合や、法定相続人の全員が相続の放棄をしている場合等が挙げられる。

相続財産管理人（相続財産清算人）の選任を請求することができるのは、利害関係人又は検察官である（民法第952条第1項）。利害関係人とは、相続財産について法律上の利害関係を有する者である。利害関係があるか否かについては、最終的には家庭裁判所により判断されることとなるが、共同所有型私道の工事を行う際に管理に関する事項を定めたり、変更行為を行ったりする場合や、相互持合型私道について工事を行う場合において、同意を得ることが必要な所有者（共有者）が死亡し、その相続人のあることが明らかでないときには、一般に、工事の実施を希望する他の所有者（共有者）は、利害関係人に該当するものと考えられる。

また、特措法第38条第1項（改正特措法第42条第1項）は、相続財産管理人（相続財産清算人）の選任請求権者に関する民法の特則規定を設けており、国の行政機関の長又は地方公共団体の長は、所有者不明土地につき、その適切な管理のため特に必要があると認められる場合には、利害関係の有無を問わず、その選任請求をすることができることとされている。「所有者不明土地」、「その適切な管理のため特に必要があると認められる場合」の意味については、前記(1)イ参照。

ウ 手続の流れ

改正前民法における相続財産管理事件の手続の流れは【図8－1】のとおりであり、改正民法における相続財産清算事件の手続の流れは【図8－2】のとおりである。

(ア) 相続財産管理人（相続財産清算人）の選任申立て

相続財産管理人（相続財産清算人）の選任の申立ては、相続が開始した地（被

相続人の最後の住所地）を管轄する家庭裁判所に行う必要がある（家事事件手続法第203条第1号）。

相続財産管理人（相続財産清算人）の選任を申し立てる際には、「相続人のあることが明らかでないこと」や利害関係の内容等を記載した申立書を提出する。申立添付資料として、一般には、相続人が存在しないことを証するための資料（被相続人の出生時から死亡時までの全ての戸籍〔除籍、改製原戸籍〕謄本、被相続人の父母の出生時から死亡時までの全ての戸籍〔除籍、改製原戸籍〕謄本、被相続人の子〔及びその代襲者〕で死亡している者がある場合、その子〔及びその代襲者〕の出生時から死亡時までの全ての戸籍〔除籍、改製原戸籍〕謄本、被相続人直系尊属の死亡の記載のある戸籍〔除籍、改製原戸籍〕謄本、被相続人の兄弟姉妹で死亡している者がある場合、その兄弟姉妹の出生時から死亡時までの全ての戸籍〔除籍、改製原戸籍〕謄本、相続人が相続放棄をしている場合には相続放棄の申述が受理されたことを証する資料）、被相続人の財産に関する資料（不動産登記事項証明書等）、申立人の利害関係を証する資料等の提出が求められる。

なお、申立ての際に、相続財産管理人（相続財産清算人）の報酬を含む財産の管理・清算に要する費用を相続財産から賄うことができないことが見込まれる場合には、家庭裁判所の判断により、費用の予納を命じられる[4]。

（イ）　相続財産管理人（相続財産清算人）による私道の管理

家庭裁判所により相続財産管理人（相続財産清算人）が選任された場合、相続財産管理人（相続財産清算人）が相続財産の管理・清算を行うこととなるため、私道の工事等を行う場合において、同意を得る必要がある者が死亡し、その相続人のあることが明らかでないときには、相続財産管理人（相続財産清算人）の同意を得ることにより、工事を行うことができるようになる。

もっとも、相続財産管理人（相続財産清算人）の権限は、原則として、保存行為及び目的である物又は権利の性質を変えない範囲内において、その利用又は改良を目的とする行為に限定されている（民法第953条、第28条、第103条）。相続財産管理人（相続財産清算人）が、このような権限を超える行為を行う必要がある場合には、家庭裁判所の許可（民法第28条前段）を得る必要がある。したがって、私道について所有者（共有者）全員の同意が必要となるような工事を行う際には、一般には、相続財産管理人（相続財産清算人）は家庭裁判所の許可を得る必要がある。権限外行為に当たるか否かについて疑義がある場合には、家庭裁判所に許可を受ける必要があるか否か相談することが望ましい。

4　前掲注3と同様に、国土交通省が創設した補助制度においては、市町村長等が負担することとなる相続財産管理人（相続財産清算人）の選任を申し立てる際の予納金についても支援の対象となっている。

（ウ） 清算手続

　相続財産管理制度（相続財産清算制度）は、不在者財産管理制度とは異なり、相続財産を清算する手続であるため、相続財産管理人（相続財産清算人）が選任された後、清算のための手続が行われる。

　改正前民法と改正民法とで手続が異なることから、以下では、それぞれについて説明する。

・改正前民法

　改正前民法においては、①家庭裁判所が相続財産管理人を選任した旨を公告した後、2か月以内に相続人のあることが明らかにならなかったときは、②相続財産管理人は、相続債権者及び受遺者に対し、2か月以上の期間を定めて、その期間内に請求の申出をすべき旨を公告する（改正前民法第957条第1項）。この公告期間の満了後、なお相続人のいることが明らかでない場合には、③家庭裁判所が、6か月以上の期間を定めて相続人があるならばその期間内にその権利を主張すべき旨を公告する（改正前民法第958条）。

　相続財産管理人は、相続財産を調査し、相続債権者等に対して弁済をする等の清算手続を行った後、特別縁故者からの相続財産分与の申立てがあれば、分与について判断した上で、残余財産があった場合には、残余財産を国庫に帰属させることになる（民法第959条）。

　また、共有物については、共有者の一人が死亡して相続人の不存在が確定し、特別縁故者に対する財産分与もされないときは、その持分は、他の共有者に帰属する（民法第255条、最判平成元年11月24日民集43巻10号1220頁）。

　このように、改正前民法においては、趣旨の重複する公告手続を3回に分けて順次行わなければならず、権利関係の確定に最低でも10か月を要することとされている。

・改正民法

　改正民法においては、清算手続を合理化する観点から、公告手続の見直しを行っている。

　すなわち、①家庭裁判所が、6か月以上の期間を定めて、相続財産清算人を選任した旨及び相続人があるならばその期間内にその権利を主張すべき旨を公告した後、②相続財産清算人は、相続債権者及び受遺者に対し、2か月以上の期間（①で相続人が権利を主張すべき期間として公告した期間内に満了するもの）を定めて、その期間内に請求の申出をすべき旨を公告する（改正民法第957条第1項）。これと並行して相続財産清算人は、相続財産を調査し、相続債権者等に対して弁済をする等の清算手続を行う。

　①の期間内に相続人のあることが明らかにならなかった場合において、特別縁故者からの相続財産分与の申立てがあれば、家庭裁判所は分与について判断す

る。その上で、残余財産があった場合には、残余財産を国庫に帰属させるか、共有持分が他の共有者に帰属することになる（民法第959条、第255条）。

　このように、改正民法においては、公告手続は2回に限られ、権利関係の確定に必要な期間が合計6か月へと短縮されている。

（エ）　**相続財産管理人（相続財産清算人）による管理・清算の終了**

　相続財産の管理・清算手続の終了については、①相続人が財産を管理することができるようになったとき、②管理すべき財産がなくなったとき、③その他財産の管理を継続することが相当でなくなったときは、相続財産管理人（相続財産清算人）若しくは利害関係人の申立てにより又は職権で、財産の管理者の選任その他の財産の管理に関する処分の取消しの審判をしなければならないこととされている（家事事件手続法第208条、第125条第7項）。

【図8－1】　相続財産管理事件の手続の流れ

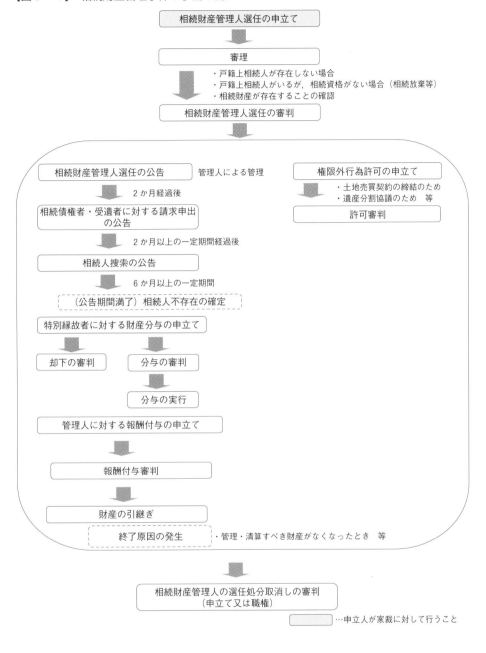

【図8-2】 相続財産清算事件の手続の流れ

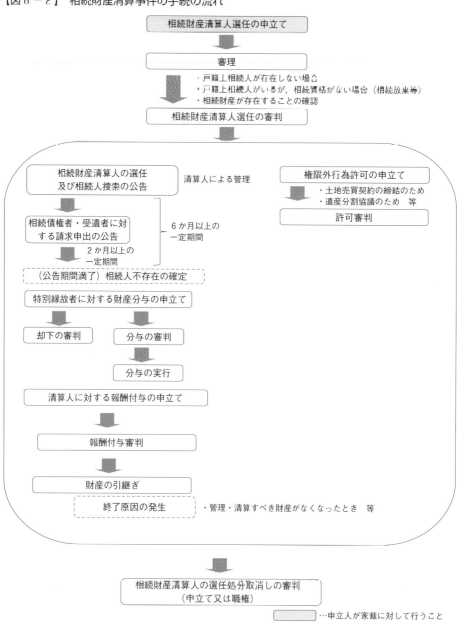

相続財産清算人選任の申立て

審理

・戸籍上相続人が存在しない場合
・戸籍上相続人がいるが,相続資格がない場合(相続放棄等)
・相続財産が存在することの確認

相続財産清算人選任の審判

相続財産清算人の選任
及び相続人捜索の公告

清算人による管理

権限外行為許可の申立て

・土地売買契約の締結のため
・遺産分割協議のため 等

許可審判

相続債権者・受遺者に対する請求申出の公告

6か月以上の
一定期間

2か月以上の
一定期間

(公告期間満了)相続人不存在の確定

特別縁故者に対する財産分与の申立て

却下の審判

分与の審判

分与の実行

清算人に対する報酬付与の申立て

報酬付与審判

財産の引継ぎ

終了原因の発生

・管理・清算すべき財産がなくなったとき 等

相続財産清算人の選任処分取消しの審判
(申立て又は職権)

…申立人が家裁に対して行うこと

○ **相続人が判明しているかどうかを問わず利用が可能な相続財産の保存のための相続財産管理制度**

改正前民法は、相続財産が相続人によって管理されないケースに対応するために、相続の承認又は放棄がされるまでなど、相続の段階ごとに、家庭裁判所が相続財産管理人を選任するなどの相続財産の保存に必要な処分をすることができる仕組みを設けている（改正前民法第918条第2項、第926条第2項、第940条第2項）。

もっとも、共同相続人が相続の単純承認をしたが遺産分割が未了である場合については、相続財産はなお暫定的な遺産共有状態にあり、相続財産の保存が引き続き問題となり得るにもかかわらず、相続財産の管理のための規定が設けられていないなどの課題があった。

改正民法では、相続が開始すれば、相続の段階にかかわらず、いつでも、家庭裁判所は、相続財産管理人の選任その他の相続財産の保存に必要な処分をすることができるとの包括的な規定を設けている（改正民法第897条の2第1項）。

これにより、これまで規定がなかった、共同相続人が相続の単純承認をしたが遺産分割が未了である場合において、相続財産の管理を行う者がいないケースについても、相続財産の保存に必要な処分をすることが可能となる。例えば、相続財産に属する私道について相続人が保存行為をしないケースにおいては、必要があると認められれば、相続財産の保存のための相続財産管理人を選任し、保存行為をさせることが可能となると考えられる。

○ **相続の放棄をした者による相続財産の管理**

改正前民法においては、相続の放棄をした者は、その放棄によって相続人となった者が相続財産の管理を始めることができるまで、自己の財産におけるのと同一の注意をもって、その財産の管理を継続しなければならないとされている（改正前民法第940条第1項）。

もっとも、法定相続人の全員が相続の放棄をし、次順位の相続人が存在しない場合に、誰が管理継続義務を負うかは、必ずしも明らかではない。また、相続の放棄をした者が相続財産を現に占有していない場合にまで管理継続義務を負うかどうかや、その義務の内容及び終期も明らかではないため、相続の放棄をしたにもかからず、過剰な負担を強いられるケースがあるとの指摘があった。

改正民法第940条第1項は、相続の放棄をした者は、その放棄の時に相続財産に属する財産を現に占有しているときは、相続人又は改正民法第952条第1項の相続財産清算人に対して当該財産を引き渡すまでの間、自己の財産におけるとの同一の注意をもって、その財産を保存しなければならないものとした。

これにより、①相続の放棄をした者が改正民法第940条第1項の義務を負うのは、放棄の申述時に相続財産に属する財産を現に占有している場合に限られ、被相続人の占有を観念的にのみ承継している場合には、同項の義務を負わないこと、②同項の義務の内容は、現に占有している財産の保存にとどまり、それを超えた管理義務を負うわけでは

ないこと、③同項の義務は、相続人や改正民法第952条第1項の相続財産清算人に対して当該財産を引き渡すことによって終了することが明確にされた。

　例えば、子Aが、親Bの所有に係る建物にBと共に居住し、Bの共有に係る私道を使用していた場合において、Bが死亡し、Aが相続の放棄をしたケースでは、Aが放棄時にその建物や私道を現に占有していたと評価されるときは、改正民法第940条第1項の義務を負うものと考えられる。

　他方で、相続の放棄をした者が、被相続人の生前から遠方に居住しており、被相続人が所有していた建物や私道を放棄時に現に占有していたと評価されないときは、同項の義務を負わないものと考えられる。

財産管理制度に関するその他の見直し

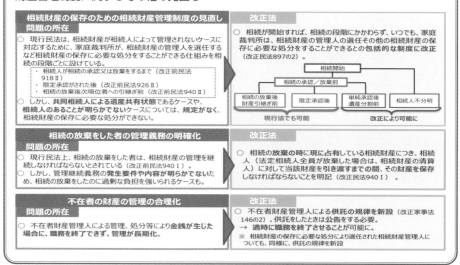

(3) 会社法等に基づく清算制度

　私道の工事を行うために同意を得る必要がある所有者（共有者）が解散した法人であり、清算人となる者がいないため、必要な同意を得ることが困難な場合には、私道の工事を行おうとする者は、利害関係人の申立てに基づいて裁判所が選任した清算人から、私道の工事に関する同意を得ることが考えられる。

　法人には、株式会社、一般社団・財団法人等があり、これらの法人が解散した場合には、原則として、各法人について規定された法律に基づき、清算手続が開始されることとなる（会社法第475条第1項等）。

　法律上定められた清算人となる者（株式会社の場合には、取締役、定款で定める者、株主総会の決議によって選任された者）がいない場合には、利害関係人の申立てにより、裁判所が清算人を選任する（会社法第478条第2項）。

　清算人が選任されると、清算人の申請に基づき、法人の登記簿に清算人の登記がされる。清算人は、原則として、清算法人を代表するため（会社法第483条第1項等）、私道の工事を行おうとする者は、清算人の同意を得て工事を行うことができる。清算人が清算に関する業務を行い、清算法人について、清算の事務が終了して清算が結了すると、清算人の申請に基づき清算結了の登記が行われ、これにより、当該法人の登記記録は、閉鎖される。なお、清算結了の登記がされた法人であっても、当該法人名義の土地が存在するなど残余財産があることが判明した場合には、残余財産の分配等の清算手続を行うため、裁判所に清算人の選任の申立てを行うことが可能であると解されている。

(4) 所有者不明土地管理制度

ア　制度の概要（【図9-1】及び【図9-2】参照）

　前記のとおり、改正前民法の下では、所有者不明土地を管理するために、不在者財産管理制度や相続財産管理制度等が利用されていたが、これらの制度に対しては、問題となっている土地だけでなく、不在者の他の財産や他の相続財産全般を管理することになり、必要な予納金の額がより高額になるなど、費用対効果の観点からは合理性に乏しいとの指摘があった。

　そこで、改正民法では、所有者不明土地の適正かつ円滑な管理を実現するため、所有者を知ることができず、又はその所在を知ることができない個々の土地について、裁判所が、利害関係人の請求により、所有者不明土地管理人による管理を命ずる処分をすることを可能とする所有者不明土地管理制度が創設された（改正民法第264条の2～第264条の7）。

　所有者不明土地管理制度は、所在等不明となっている所有者が自然人である場合のみならず、法人である場合であっても、利用することが可能である。

イ 要件等

　共同所有型私道について、所有者不明土地管理制度を利用するためには、その私道について「共有者を知ることができず、又はその所在を知ることができない土地の共有持分」がある必要があり、相互持合型私道について、所有者不明土地管理制度を利用するためには、その私道が「所有者を知ることができず、又はその所在を知ることができない土地」である必要がある（改正民法第264条の2第1項）。また、いずれの場合においても、所有者不明土地管理命令の発令には、所有者不明土地を管理人に管理させる必要性が認められなければならない。

　所有者（共有者）の所在を知ることができないときの意味については、所有者（共有者）がどのような者であるか（自然人であるか、法人であるか等）によって分けられるが、その内容については、前記1(4)イ参照。

　いずれのケースにおいても、この要件の充足が認められるためには、私道（土地）の不動産登記簿や住民票等の公的記録の調査など、必要な調査をしても、所有者（共有者）を特定することができない、又は知ることができないことが必要となる。そのほか、事案にもよるが、当該私道の利用状況を確認したり、他に連絡等をとることができる者がいればその者に確認したりするなどの調査も必要とされる場合があると解される。

　所有者不明土地管理命令を請求することができるのは、利害関係人であり（改正民法第264条の2第1項）、ここでいう利害関係人とは、対象とされている土地の管理についての利害関係を有する者である。

　利害関係があるか否かについては、最終的には裁判所により判断されることとなるが、共同所有型私道の工事を行う際に管理に関する事項を定めたり、変更行為を行ったりする場合や、相互持合型私道について工事を行う場合において、同意を得ることが必要な所有者（共有者）が所在等不明であるときは、一般に、工事の実施を希望する他の所有者（共有者）は、利害関係人に該当するものと考えられる。

　また、特措法第38条第2項（改正特措法第42条第2項[5]）は、所有者不明土地管理命令の請求権者に関する民法の特則規定を設けており、国の行政機関の長又は地方公共団体の長は、所有者不明土地につき、その適切な管理のため特に必要があると認められる場合には、利害関係の有無を問わず、その請求をすることができることとされている。ここでの「所有者不明土地」、「その適切な管理のため特に必要があると認められる場合」の意味については、前記4(1)イ参照。

5　なお、改正特措法第42条第2項については、改正法により、所有者不明土地管理命令の請求権者に関する民法の特則規定が第38条第2項として設けられた後、特措法改正法により、同条が第42条に改められた。

ウ　手続の流れ

（ア）　所有者不明土地管理命令の請求

　　所有者不明土地管理命令の請求は、私道の所在地を管轄する地方裁判所に行う必要がある（非訟事件手続法第90条第1項）。

　　所有者不明土地管理命令の請求をする際には、「申立ての趣旨及び原因」並びに「申立てを理由づける事実」等を記載した申立書を提出する。

　　申立添付資料として、所有者不明土地管理命令の対象となるべき土地の所有者（共有者）が所在等不明であることを証するための資料等が必要となる。

　　なお、請求の際には、管理人の報酬を含む管理に要する費用の確保のために、裁判所の判断により、管理費用の予納を命じられる[6]。

（イ）　所有者不明土地管理人による私道の管理

　　裁判所により選任された所有者不明土地管理人は、所在等不明の所有者（共有者）に代わって私道の管理を行うこととなるため、私道の工事等を行う場合において、所在等不明の所有者（共有者）の同意を得る必要があるときには、所有者不明土地管理人の同意を得ることにより、工事等を行うことができるようになる。

　　もっとも、所有者不明土地管理人の権限は、原則として、保存行為及び所有者不明土地等の性質を変えない範囲内において、その利用又は改良を目的とする行為に限定されている（改正民法第264条の3第2項）。所有者不明土地管理人が、このような権限を超える行為を行う必要がある場合には、裁判所の許可を得る必要がある。私道について所有者（共有者）全員の同意が必要となるような工事を行う際には、一般的には、所有者不明土地管理人は裁判所の許可を得る必要がある。

（ウ）　所有者不明土地管理人による管理の終了

　　裁判所は、管理すべき財産がなくなったときその他財産の管理を継続することが相当でなくなったときは、所有者不明土地管理人若しくは利害関係人の申立てにより又は職権で、所有者不明土地管理命令を取り消さなければならないこととされている（改正非訟事件手続法第90条第10項）。「財産の管理を継続することが相当でなくなったとき」とは、土地の管理の必要性がなくなった場合や、管理に要する費用を支弁するのが困難である場合等をいうものと解されている。

　　また、所有者不明土地等の所有者が自己に所有権が帰属することを証明したときは、当該所有者の申立てにより、裁判所は、所有者不明土地管理命令を取り消さなければならないとされている（同条第11項）。

6　前掲注3及び4と同様に、国土交通省が創設した補助制度において、市町村長等が負担することになる所有者不明土地管理人の選任を申し立てる際の予納金についても、支援の対象となっている。

【図9-1】 所有者不明土地・建物管理制度①

現行法での所有者不明土地・建物の管理

- 土地・建物の所有者が、調査を尽くしても不明である場合には、土地・建物の管理・処分が困難になる。
- 公共事業の用地取得や空き家の管理など所有者の所在が不明な土地・建物の管理・処分が必要であるケースでは、現行法上、所有者の属性等に応じて下記の財産管理制度が活用されている。

【不在者財産管理人】（民法25Ⅰ）	【相続財産管理人】（改正前民法952Ⅰ）	【清算人】（会社法478Ⅱ）
従来の住所等を不在にしている自然人の財産の管理をすべき者がいない場合に、家庭裁判所により選任され、不在者の財産の管理を行う。	自然人が死亡し相続人がいることが明らかでない場合に、家庭裁判所により選任され、相続財産の管理・清算を行う。	法人が解散した（みなし解散を含む）が、清算人となる者がない場合に、地方裁判所により選任され、法人の財産の清算を行う。

問題の所在

現行の財産管理制度は、対象者の財産全般を管理する「人単位」の仕組みとなっている。
→ 財産管理が非効率になりがちになり、申立人等の利用者にとっても負担大。
 ・土地・建物以外の財産を調査して管理しなければならず、管理期間も長期化しがち。予納金の高額化で申立人にも負担大。
 ・土地・建物の共有者のうち複数名が所在不明者であるときは、不明者ごとに管理人を選任する必要があり、更にコストがかさむ。
→ 所有者を全く特定できない土地・建物については、既存の各種の財産管理制度を利用することができない。

改正法

特定の土地・建物のみに特化して管理を行う所有者不明土地管理制度及び所有者不明建物管理制度を創設（改正民法264の2~264の8）
→ 土地・建物の効率的かつ適切な管理を実現
 ・他の財産の調査・管理は不要であり、管理期間も短縮化する結果、予納金の負担も軽減。
 ・複数の共有者が不明となっているときは、不明共有持分の総体について一人の管理人を選任することが可能に。
⇒ 所有者が特定できないケースについても対応が可能に

管理人による管理の対象となる財産

- 管理命令の効力は、所有者不明土地（建物）のほか、土地（建物）にある所有者の動産、管理人が得た金銭等の財産（売却代金等）、建物の場合はその敷地利用権（借地権等）にも及ぶが、その他の財産には及ばない（改正民法264の2Ⅱ、264の8Ⅱ）。
※ 所有者不明土地上に所有者不明建物があるケースで、土地・建物両方を管理命令の対象とするためには、土地管理命令と建物管理命令の双方を申し立てる必要。土地・建物の管理人を同一の者とすることも可能だが、土地・建物の所有者が異なるケース等では利益相反の可能性を考慮して慎重に判断。

申立権者

- 所有者不明土地・建物の管理について利害関係を有する利害関係人（改正民法264の2Ⅰ、264の8Ⅰ）
※地方公共団体の長等には所有者不明土地管理命令・所有者不明建物管理命令の申立権の特例あり（特措法38Ⅱ（改正特措法42Ⅱ・Ⅴ））。

【利害関係人に当たり得る者の例】
○公共事業の実施者など不動産の利用・取得を希望する者 ○共有地における不明共有持分以外の共有者

【図9-2】 所有者不明土地・建物管理制度②

発令要件等

- 調査を尽くしても所有者又はその所在を知ることができないこと
- 管理状況等に照らし管理人による管理の必要性があること

※ 処分の是非等の法的判断が必要となるケース（売却代金額の相当性の判断や、数人の者の共有持分を対象として管理命令が発令され、誠実公平義務の履行が問題となるケースを含む。）では弁護士・司法書士を、境界の確認等が必要となるケースでは土地家屋調査士を管理人として選任することが考えられる。
※ 区分所有建物については、所有者不明建物管理制度は適用されない（改正区分所有法6Ⅳ）

【所有者の調査方法の例】
○登記名義人が自然人である場合 …登記簿、住民票上の住所、戸籍等を調査。 ○登記名義人が法人である場合 …法人登記簿上の主たる事務所の存否のほか、代表者の法人登記簿上・住民票上の住所等を調査。 ○所有者が法人である場合 …代表者及び構成員の住民票上の住所等を調査。 ※事案に応じて現地調査が求められる。

管理人の権限・義務等

- 対象財産の管理処分権は管理人に専属し、所有者不明土地・建物等に関する訴訟（例：不法占拠者に対する明渡請求訴訟）においても、管理人が原告又は被告となる（改正民法264の4、264の8Ⅴ）。
- 管理人は、保存・利用・改良行為を行うほか、裁判所の許可を得て、対象財産の処分（売却、建物の取壊しなど）をすることも可能（改正民法264の3Ⅱ、264の8Ⅴ）。売却の際には、借地関係等の利用状況や売買の相手方を慎重に調査することが重要。
 ※ 不明相続人の遺産共有持分について選任された管理人は、遺産分割をする権限はないが、遺産共有持分に係る権限の範囲内での管理行為や、持分の処分が可能。
- 管理人は、所有者に対して善管注意義務を負う。また、数人の共有者の共有持分に係る管理人は、その対象となる共有者全員のために誠実公平義務を負う。（改正民法264の5、264の8Ⅴ）
- 管理人は、所有者不明土地等（予納金を含む）から、裁判所が定める額の費用の前払・報酬を受ける(費用・報酬は所有者の負担)。（改正民法264の7Ⅰ・Ⅱ）
- 土地・建物の売却等により金銭が生じたときは、管理人は、供託をし、その旨を公告（改正非訟事件手続法90Ⅷ、ⅩⅥ）。

手続の流れ

申立て・証拠提出	異議届出期間の公告	管理命令の発令・管理人の選任	管理人による管理	職務の終了（管理命令の取消）
・不動産所在地の地方裁判所が管轄 ・利害関係人が申立て ・管理費用の確保のため基本的に予納金の納付が必要	・1か月以上の異議届出期間等を定めて、公告	・一部の共有者が不明であるときは、その持分を対象として発令 ・管理人としてふさわしい者（弁護士、司法書士、土地家屋調査士等）を事案に応じて選任 ・管理命令の嘱託登記により選任の事実を公示	・売却代金は管理人が供託・公告 ・管理すべき財産がなくなる場合や管理の継続が相当でなくなったときは、管理命令を取消し ・管理命令の登記を抹消

コラム 改正民法②

○ **不在者財産管理制度・相続財産管理（清算）制度と所有者不明土地管理制度との適用関係**

　不在者財産管理制度や相続人不分明の場合の相続財産管理（清算）制度といった既存の財産管理制度と、新たに設けられた所有者不明土地管理制度とは、要件や効果が異なるため、ある財産管理制度の要件を満たす場合に、他の制度の適用を排除することとはされていない。例えば、土地の所有者の所在が不明であり、不在者財産管理制度と所有者不明土地管理制度の要件をいずれも満たすときは、利害関係人としては、いずれの財産管理制度も利用することができる。実際にどの財産管理制度を利用するかは、手続の目的、対象となる財産の状況や、管理人の権限等の違いを踏まえ、個別具体的なケースに応じて、適切な制度を申立人自身が適宜選択することが想定される。

　また、ある土地の所有者について不在者財産管理人又は相続財産清算人が選任されている場合において、当該土地について所有者不明土地管理命令の請求がされることもあり得る。もっとも、土地の所有者について不在者財産管理人等が既に選任されている場合には、その土地を含む当該所有者の財産全般の管理がその管理人等に委ねられることになるから、それとは別に、所有者不明土地管理命令を発する必要は基本的にないものと考えられる。そのため、そのような場合において、当該土地について所有者不明土地管理命令の請求がされたときは、通常は却下されるものと考えられる。

　他方で、ある土地について所有者不明土地管理人が既に選任されている場合であっても、その土地を含む当該所有者の財産全般を管理するために、不在者財産管理人又は相続財産清算人の選任が必要となることもあり得る。そのような場合には、当該土地の所有者について不在者財産管理人等の選任の申立てがされたときは、不在者財産管理人等の選任が認められることもあるものと考えられる。不在者財産管理人等が選任された場合には、所有者不明土地管理人による管理を継続する必要はないため、基本的には、所有者不明土地管理命令を取り消すことになると考えられる。

コラム　特措法

○　**特措法の制定と、その後の所有者不明土地対策の進展**

　平成30年に制定された特措法では、

①　同法に規定された要件を満たす所有者不明土地について、公共的な目的のために利用することができる制度（地域福利増進事業）や、公共事業において所有者不明土地を収用する際に収用委員会の審理手続を省略する制度（土地収用法の特例手続）、

②　所有者の探索を合理化するために公的書類を調査することができる制度（土地所有者等関連情報の利用・提供の特例）のほか、

③　第2章4において紹介した不在者財産管理制度及び相続財産管理制度について、国の行政機関の長又は地方公共団体の長が管理人の選任の請求をすることができる制度（民法の特則規定）

が設けられている（特措法第3章第1節〜第3節及び第4章第1節）。

　また、特措法の活用実績としては、

①　地域福利増進事業の裁定については、1件（令和4年4月1日時点）、土地収用法の特例手続については、6件（令和4年2月末時点）

②　土地所有者等関連情報の利用・提供の特例については、約780件（令和3年12月末時点）

③　民法の特則規定に基づき申立てがされた件数については、不在者財産管理人の選任は83件、相続財産管理人の選任は117件（令和3年12月末時点）

となっている。

　特措法の制定後には、令和2年の土地基本法の改正や令和3年の民事基本法制の見直しなど、政府一丸となって所有者不明土地に対する取組を進めてきたところであるが、今後も所有者不明土地の更なる増加が見込まれることなどから、所有者不明土地の利用の円滑化の促進と管理の適正化を図るため、令和4年4月27日に「所有者不明土地の利用の円滑化等に関する特別措置法の一部を改正する法律」が成立し、同年5月9日に公布された（令和4年法律第38号）。

○　**所有者不明土地の管理の適正化を図るため現場で取り得る手段を充実**

　令和2年の土地基本法の改正により、土地に関する基本理念として、土地の適正な「管理」に関する土地所有者等の「責務」が規定された。

　この点、所有者不明土地は、所有者による自発的な管理が期待できず、管理が適正に実施されない蓋然性が高い土地であるとともに、管理の適正化に条例で対応する市町村も存在するが、所有者が判明していない場合は条例に基づく代執行の実施が困難であるという課題が存在し、地域住民等の生命・財産に対する悪影響が生じているところである。

　このことから、改正特措法では、改正土地基本法の理念を施策として具体化するため、所有者不明土地であって管理不全状態となっているものについても、管理の適正化が図られるよう、以下のとおり、行政的・民事的措置の両面から、市町村長の取り得る

手段を充実させることとされた。
① 引き続き管理が実施されないと見込まれる所有者不明土地について、周辺の地域における災害等の発生を防止するため、市町村長による勧告・命令・代執行制度を創設
② 同様の場合に、民法の管理不全土地管理命令の請求権を市町村長に付与（民法の特則規定）
③ 上記の①及び②の準備のため、土地所有者等関連情報の利用・提供の特例を導入
　なお、改正特措法は、原則として、公布から6月を超えない範囲内の政令で定める日から施行することとされているが、②民法の特則規定については、改正法の施行の日（令和5年4月1日）から施行することとされている。

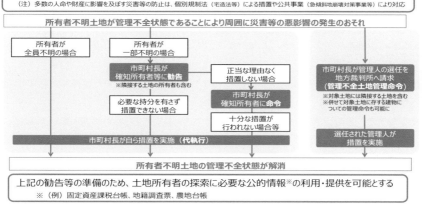

○ ライフラインの設備設置権・設備使用権の創設

　現行法では、他人の土地や導管等の設備を使用しなければ電気、水道、ガスなどのライフラインを引き込むことができない土地の所有者は、民法の相隣関係規定や下水道法第11条等の類推適用により、他の土地への設備の設置や他人の設備の使用が可能と解されているが、類推適用される規定は必ずしも定まっていない。

　そのため、私道の隣接地を所有する者が自己の土地にライフラインを引き込むために当該私道に設備を設置し、又は当該私道内の設備を使用する必要がある場合において、私道又は設備の所有者・共有者の一部が所在等不明であるケースや設備の設置・使用を拒むケース等では、設備の設置・使用をすることが実際上困難であり、対応に苦慮する事態が生じていた（私道の所有者等から不当な承諾料を求められることもあるといわれている。）。

　そこで、改正民法においては、土地の所有者は、他の土地に設備を設置し又は他人が所有する設備を使用しなければ電気、ガス又は水道水の供給その他これらに類する継続的給付を受けることができないときは、継続的給付を受けるために必要な範囲内で、他の土地に設備を設置する権利（設備設置権）又は他人が所有する設備を使用する権利（設備使用権）を有することが明記された。

　あわせて、他の土地等の所有者及び他の土地を現に使用している者の権利に配慮し、設備の設置・使用の方法、事前の通知や償金の支払などに関するルールが設けられるなどの改正が行われた（改正民法第213条の2、第213条の3）。

ライフラインの設備の設置・使用権①

問題の所在
○ 他人の土地や設備（導管等）を使用しなければ各種ライフラインを引き込むことができない土地の所有者は、解釈上、現行の相隣関係規定等の類推適用により、他人の土地への設備の設置や他人の設備の使用をすることができると解されている。
← 1．明文の規定がないため、設備の設置・使用に応じてもらえないときや、所有者が所在不明であるときなどには、対応が困難
　　2．権利を行使する際の事前の通知の要否などのルールが不明確
　　3．土地・設備の使用に伴う償金の支払義務の有無などのルールが不明確で、不当な承諾料を求められるケースも

改正法
1. ライフラインの設備の設置・使用権に関する規律の整備
(1) 設備設置権（他の土地にライフラインの設備を設置する権利）の明確化
　他の土地に設備を設置しなければ電気、ガス又は水道水の供給その他これらに類する継続的給付を受けることができない土地の所有者は、必要な範囲内で、他の土地に設備を設置する権利を有することを明文化（改正民法213の2Ⅰ）
　※ 「その他これらに類する継続的給付」には、電話・インターネット等の電気通信が含まれる。
　※ 隣接していない土地についても、必要な範囲内で設置することが可能（例：上図の「Z土地」での給水管の設置）。
　※ 土地の分割・一部譲渡によって継続的給付を受けることができなくなった場合は、分割者又は譲渡者の所有地のみに設備設置可（改正民法213の3）
(2) 設備使用権（他人が所有するライフラインの設備を使用する権利）の明確化
　他人が所有する設備を使用しなければ電気、ガス又は水道水の供給その他これらに類する継続的給付を受けることができない土地の所有者は、必要な範囲内で、他人の所有する設備を使用する権利を有することを明文化（改正民法213の2Ⅰ）
(3) 場所・方法の限定
　設備の設置・使用の場所・方法は、他の土地及び他人の設備のために損害が最も少ないものに限定（改正民法213の2Ⅱ）
　※ 設備設置等の方法が複数ある場合（例：上図の「Z土地」にも接続可能な給水管が既に設置されている場合）も、最も損害が少ない方法を選択。
　※ 設備を設置する場合には、公道に通ずる私道や公道に至るための通行権（民法210）の対象部分があれば、通常はその部分を選択。

○ 設備設置・使用権がある場合でも、一般的に、自力執行は禁止されているため、例えば、設備設置・使用を拒まれた場合には、妨害禁止の判決を求めることになる。
○ 他方で、事案ごとの判断ではあるが、例えば、他の土地が空き地になっており、実際に使用している者がおらず、かつ、設備の設置等が阻害されるおそれもない場合には、裁判を経ることなく（訴訟によらず）、設備の設置等を行うことができると考えられる。
○ 設備の設置工事等のために一時的に他の土地を使用する場合には、隣地使用権の規律が準用される（改正民法213の2ⅣⅤ）。

ライフラインの設備の設置・使用権②

2. 事前通知の規律の整備

○ 他の土地に設備を設置し又は他人の設備を使用する土地の所有者は、あらかじめ（⑦）、その目的、場所及び方法を他の土地・設備の所有者（④）に通知（⑨）しなければならない（改正民法213条の2Ⅲ）。

⑦ 通知の相手方が、その目的・場所・方法に鑑みて設備設置使用権の行使に対する準備をするに足りる合理的な期間を置く必要（事案によるが、2週間〜1か月程度）。

④ 他の土地に設備を設置する場合に、他の土地に所有者とは別の使用者（賃借人等）がいるときは使用者にも通知する必要（改正民法213条の2Ⅲ）。
他人の設備に所有者とは別の使用者がいたとしても、通知は法律上は求められていないが、使用者への影響も考慮し、事実上通知することが望ましい。

⑨ 通知の相手方が不特定又は所在不明である場合にも、例外なく通知が必要（簡易裁判所の公示による意思表示（民法98）を活用）。

※ 設備の設置工事等のために一時的に他の土地を使用する場合には、当該使用についても併せて通知（改正民法213条の2Ⅳ、209Ⅲ）。

3. 償金・費用負担の規律の整備

(1) 他の土地への設備設置権

土地の所有者は、他の土地に設備を設置する際に次の損害が生じた場合には、償金を支払う必要。

① 設備設置工事のために一時的に他の土地を使用する際に、当該土地の所有者・使用者に生じた損害（改正民法213条の2Ⅳ、209Ⅳ）
⇒ 償金は一括払い　　　　　　　　　（例）他の土地上の工作物や竹木を除去したために生じた損害

② 設備の設置により土地が継続的に使用することができなくなることによって他の土地に生じた損害（改正民法213条の2Ⅴ）
⇒ 償金は1年ごとの定期払が可能　　（例）給水管等の設備が地上に設置され、その場所の使用が継続的に制限されることに伴う損害

※ 償金の支払を要する「損害」は、①については実損害であり、②については設備設置部分の使用料相当額である。事案ごとの判断ではあるが、導管などの設備を地下に設置し、地上の利用自体は制限しないケースでは、損害が認められないことがあると考えられる。他の土地の所有者等から設備の設置を承諾することに対するいわゆる承諾料を求められても、応ずる義務はない。

※ 土地の分割又は一部譲渡に伴い、分割者又は譲渡者の所有地のみに設備の設置しなければならない場合には、②の償金を支払うことを要しない（改正民法213条の3Ⅰ後段・Ⅱ）。

(2) 他人が所有する設備の使用権

① 土地の所有者は、その設備の使用開始の際に損害が生じた場合に、償金を支払う必要。
⇒ 償金は一括払い（改正民法213条の2Ⅵ）　　　　　（例）設備の接続工事の際に一時的に設備を使用停止したことに伴って生じた損害

② 土地の所有者は、その利益を受ける割合に応じて、設備の修繕・維持等の費用を負担（改正民法213条の2Ⅶ）

コラム 改正民法④

○ 設備設置権・設備使用権と共同所有型共有私道

　共同所有型私道の隣地を所有する者が、当該私道に継続的給付を受けるための設備を設置し、又は当該私道の共有者が共有する設備を使用しようとする場合に、当該私道の共有者の一部が所在等不明であったり、設備の設置・使用に反対していたりするケースがある。

　このようなケースで、私道の共有者が設備の設置や使用を認めることは、共有物の管理に関する事項（改正前民法第252条本文、改正民法第252条第1項）に該当すると考えられるため、当該私道の共有者の持分の過半数の同意が得られれば、隣地所有者は、当該私道に設備を設置し、又は私道共有者が共有する設備を使用することが可能である（改正民法においては、所在等不明共有者以外の共有者による管理の裁判や、賛否不明共有者以外の共有者による管理の裁判を活用することも可能であることにつき、前記1(4)及び(5)参照）。

　また、改正民法においては、土地の所有者は、他の土地に設備を設置し、又は他人が所有する設備を使用しなければ継続的給付を受けることができないときは、当該他の土地等の所有者に対する通知を行った上で、継続的給付を受けるために必要な範囲内で、他の土地に設備を設置し、又は他人が所有する設備を使用することができる旨が明確化された（改正民法第213条の2第1項）。

　そのため、隣地所有者は、設備の設置等について私道の共有者の過半数の同意が得られなくとも、上記の設備設置権・設備使用権に基づいて、当該私道に設備を設置し、又は私道共有者が共有する設備を使用することができる。私道の共有者の一部が所在等不明である場合には、隣地所有者は、公示による意思表示によって事前通知を行った上で、当該私道において設備の設置・使用をすることができる。

　なお、私道を使用する私道共有者が、隣地所有者による設備の設置・使用に反対している場合には、一般に自力執行は禁じられていることから、隣地所有者は、妨害禁止の判決を得た上で、設備を設置・使用することとなる。

コラム 改正民法⑤

○ 隣地使用権及び越境した枝葉の切取り

(1) 隣地使用権

　私道において導管等の工作物の設置工事等を行おうとする場合に、隣地を使用する必要があるケースがある。

　現行法では、土地の所有者は、境界又はその付近において障壁又は建物を築造し又は修繕するために必要な範囲内で、他人の所有する隣地の使用を請求することができるとされている（改正前民法第209条第1項本文）。

　しかし、「隣地の使用を請求することができる」の解釈については争いがあり、例えば、隣地の所有者等の所在等が不明である場合に隣地を使用することができるか否かは必ずしも明確でなく、また、障壁・建物の築造・修繕以外の目的のために隣地を使用することができるか否かが不明確であるとの指摘があった。

　こうした指摘を踏まえ、改正民法においては、①境界又はその付近における障壁、建物その他の工作物の築造、収去若しくは修繕、②境界標の調査又は境界に関する測量又は③改正民法第233条第3項の規定による越境した枝の切取りの目的のため必要な範囲内で、隣地の所有者等の承諾がなくとも、その使用する権利を有することが明らかにされるとともに（改正民法209条第1項）、隣地所有者及び隣地使用者の利益を保護するために、その使用方法の限定や事前通知などの規律が新たに設けられた（同条第2項～第4項）。

隣地使用権

問題の所在

土地の所有者は、境界又はその付近において障壁又は建物を築造し又は修繕するため必要な範囲内で、隣地の使用を請求することができる（改正前民法209Ⅰ本文）。

← 1. 「隣地の使用を請求することができる」の具体的意味が判然とせず、隣地所有者が所在不明である場合等で対応困難

　　2. 障壁・建物の築造・修繕以外の目的で隣地を使用することができるかどうかが不明確で、土地の利用・処分を阻害

改正法

1. 隣地使用権の内容に関する規律の整備

○ 土地の所有者は、所定の目的のために必要な範囲内で、隣地を使用する権利を有する旨を明確化（改正民法209Ⅰ）
・隣地を使用できる権利がある場合も、一般的に、自力執行は禁止されているので、例えば、使用を拒まれた場合には、妨害禁止の判決を求めることになる。
・他方で、事案ごとの判断ではあるが、例えば、隣地が空き地となっていて実際に使用している者がおらず、隣地の使用を妨害しようとする者もいないケースでは、土地の所有者は裁判を経なくとも適法に隣地を使用できると考えられる。

○ 隣地所有者・隣地使用者（賃借人等）の利益への配慮
・隣地使用の日時・場所・方法は、隣地所有者及び隣地使用者のために損害が最も少ないものを選ばなければならない（改正民法209Ⅱ）
・隣地使用に際しての通知に関するルールを整備（改正民法209Ⅲ）

2. 隣地使用が認められる目的を拡充・明確化

(1) 障壁、建物その他の工作物の築造、収去、修繕
(2) 境界標の調査・境界に関する測量
(3) 新民法233Ⅲによる越境した枝の切取り（改正民法209Ⅰ）

隣地所有者及び隣地使用者への通知

【原則】
　隣地使用に際しては、あらかじめ（※）、その目的、日時、場所及び方法を隣地所有者に（隣地所有者とは別に隣地使用者がいるときは隣地使用者にも）通知しなければならない。
※ 隣地使用の目的・日時・場所・方法に鑑み、通知の相手方が準備をするに足りる合理的な期間を置く必要（事案によるが、緊急性がない場合は通常2週間程度）。

【例外】
　あらかじめ通知することが困難なときは、隣地の使用を開始した後、遅滞なく、通知することをもって足りる。
例・急迫の事情がある場合（建物の外壁が剥落する危険があるときなど）
・隣地所有者が不特定又は所在不明である場合（現地や不動産登記簿・住民票等の公的記録を調査しても所在が判明しないとき）
⇒ 隣地所有者が不特定又は所在不明である場合は、隣地所有者が特定され、その所在が判明した後に遅滞なく通知することで足り、公示による意思表示（民法98）により通知する必要はない。

(2) 越境した竹木の枝の切取り

　私道の管理の一環として、隣地から越境した竹木の枝の切取りが必要となるケースがある。

　現行法では、土地所有者は、隣地の竹木の枝が境界線を越えるときは、竹木の所有者に対して枝を切除させることができるとされている（改正前民法第233条第1項）。もっ

とも、土地の所有者が自ら枝を切り取ることを認めていないため、竹木の所有者が切除に応じない場合には、土地の所有者は、訴えを提起し、その所有者に枝の切除を命ずる判決を得て、強制執行の手続をとるほかない。また、竹木が共有物である場合には、竹木の各共有者は、他の共有者全員の同意を得なければ、請求に応じて枝の切取りをすることができないと解されている。そのため、これらの枝の切取りに関する規律は、煩雑であり、合理的でない等の指摘がされていた。

こうした指摘を踏まえ、改正民法においては、土地の所有者は、①竹木の所有者に越境した枝を切除するよう催告したにもかかわらず、竹木の所有者が相当の期間内に切除しないとき、②竹木の所有者を知ることができず、又はその所在を知ることができないとき、又は③急迫の事情があるときのいずれかの要件を充たした場合には、越境した枝を自ら切り取ることができるとされた（改正民法第233条第3項）。また、竹木が数人の共有に属するときは、各共有者は、その枝を切り取ることができるとされた（同条第2項）。

越境した竹木の枝の切取り

問題の所在

○ 土地の所有者は、隣地の竹木の根が境界線を越えるときは自らその根を切り取ることができるが、枝が境界線を越えるときはその竹木の所有者に枝を切除させる必要がある（改正前民法233）。

← 1．竹木の所有者が枝を切除しない場合には、訴えを提起し切除を命ずる判決を得て強制執行の手続をとるほかないが、**竹木の枝が越境する都度、常に訴えを提起しなければならないとすると、救済を受けるための手続が過重**

2．竹木が共有されている場合に、竹木の共有者が越境した枝を切除しようとしても、基本的には、**変更行為として共有者全員の同意が必要と考えられており、竹木の円滑な管理を阻害**

改正法

1．土地所有者による枝の切取り

越境された土地の所有者は、竹木の所有者に枝を切除させる必要があるという原則を維持しつつ、次のいずれかの場合には、枝を自ら切り取ることができることとする（改正民法233Ⅲ）。

① 竹木の所有者が枝を切除するよう催告したが、竹木の所有者が相当の期間内に切除しないとき
② 竹木の所有者を知ることができず、又はその所在を知ることができないとき
③ 急迫の事情があるとき

※ 道路を所有する国や地方公共団体も、隣接地の竹木が道路に越境してきたときは、新たな規律によって枝を切り取ることが可能。
※ ①の場合に共有物である竹木の枝を切り取るに当たっては、基本的に、竹木の共有者全員に枝を切除するよう催告する必要がある。もっとも、一部の共有者を知ることができず、又はその所在を知ることができないときには、その者との関係では②の場合に該当し、催告は不要。
※ ①の「相当の期間」とは、枝を切除するために必要な時間的猶予を与える趣旨であり、事案によるが、基本的には2週間程度と考えられる。
※ 越境された土地の所有者が自ら枝を切り取る場合の費用については、枝が越境して土地所有権を侵害していることや、土地所有者が枝を切り取ることにより竹木の所有者が本来負っている枝の切除義務を免れることを踏まえ、基本的には、竹木の所有者に請求できると考えられる（民法703・709）。

2．竹木の共有者各自による枝の切除

竹木が共有物である場合には、各共有者が越境している枝を切り取ることができる。（改正民法233Ⅱ）
→竹木の共有者の一人から承諾を得れば、越境された土地の所有者などの他人がその共有者に代わって枝を切り取ることができる。
→越境された土地の所有者は、竹木の共有者の一人に対しその枝の切除を求めることができ、その切除を命ずる判決を得れば、代替執行（民事執行法171Ⅰ・Ⅳ）が可能。

第3章　ケーススタディ

　地方公共団体やライフライン事業者からのヒアリング調査の結果、私道に関する工事の支障事例として様々な事例が収集された。これらの事例を大別すると、①私道の舗装に関する事例、②ライフラインに関する事例、③その他の事例に整理することができる。

　以下では、上記①～③の類型ごとに法律関係を検討し、各種工事の実施のために同意が必要な範囲につき、基本的な考え方を示すこととする。

　なお、舗装工事、ライフラインに関する工事等において、私道の舗装を剥がしたり、新しく配水管を設置した後に再舗装をしたりする際には、その限度で私道の利用を一時的に制限することになるし、どの範囲で私道が使用されるかについての認識を共有することが紛争予防の観点からも重要である。そのため、実務上は、工事事業者等から私道の所有者（共有者）に対し施工範囲を明示して通知をすることや、隣接地との境界付近で工事をする場合には必要に応じて境界を確認するなどの措置を講じて、工事の円滑を図ることが重要と考えられる。

1 私道の舗装に関する事例

事例1 舗装の陥没事例（共同所有型）

> ○ 共同所有型私道の一部が陥没し、補修工事が必要となったが、共有者の一部が所在等不明のため、工事の同意を得られない事例

1. **私道の概要**
   - 昭和56年私道築造（砂利道）
   - 平成3年にアスファルト舗装
   - 延長17m、幅約4m
   - 路面が陥没しており、通行に支障が生じている
2. **権利関係等の概要**
   - 一筆の私道（下図青枠内）を①～③が共有している（共有持分は各3分の1、①は所在等不明）
3. **工事の概要**
   - 工事の実施主体は②及び③
   - 陥没部分の穴を塞いだ上で、路面をアスファルトで部分的に再舗装（4m×4m＝16㎡）
   - 地方公共団体の助成制度において、助成対象となるアスファルトの材質，施工方法等が詳細に定められており、これに従って工事を実施
   - ②及び③は工事に賛成

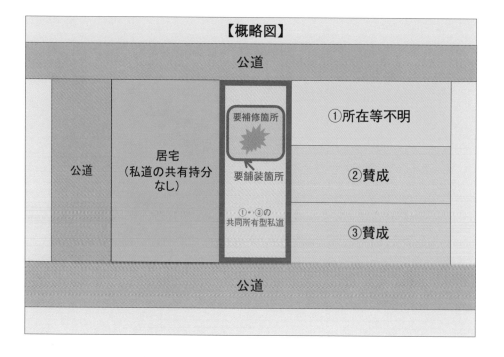

【概略図】

事例1　舗装の陥没事例（共同所有型）

事例のポイント

○　舗装されたアスファルト道として利用されている。

○　アスファルト道の路面が陥没し、通行に支障が生じており、通行人が陥没部分につまずく危険もある。

○　陥没部分の穴を塞ぎ、アスファルトで再舗装して陥没前と同様の状態に修復する工事を実施する。

○　工事の実施主体は、②及び③の共有者である。

○　地方公共団体の助成制度において、助成対象となるアスファルトの材質、施工方法等が詳細に定められており、これに従った工事を実施する。

事例の検討

○　上記のように地方公共団体の助成制度の対象となる材質・施工方法により、舗装されたアスファルト道に生じた陥没部分の穴を塞ぎ、アスファルトで再舗装して現状を維持する補修工事は、一般的には、共有物の保存行為に当たる。

　　したがって、各共有者が単独で補修工事を行うことができるため、②や③の共有者が補修工事を行う場合には、民法上、①の共有者の同意を得る必要はない（改正前民法第252条ただし書、改正民法第252条第5項）。

事例2　舗装の陥没事例（相互持合型）

> ○　相互持合型私道の一部が陥没し、補修工事が必要となったが、所有者の一部が所在等不明のため、工事の同意を得られない事例

1. 私道の概要
   - 昭和56年私道築造（砂利道）
   - 平成3年にアスファルト舗装
   - 延長17m、幅約4m
   - ①所有の路面が陥没しており、通行に支障が生じている
2. 権利関係等の概要
   - 3筆の土地で構成される私道（下図青枠内）を①〜③が各1筆ずつ所有（①は所在等不明）
3. 工事の概要
   - 工事の実施主体は②及び③
   - 陥没部分の穴を塞いだ上で、①所有の路面をアスファルトで部分的に再舗装（4m×4m＝16㎡）
   - 地方公共団体の助成制度において、助成対象となるアスファルトの材質、施工方法等が詳細に定められており、これに従って工事を実施
   - ②及び③は工事に賛成

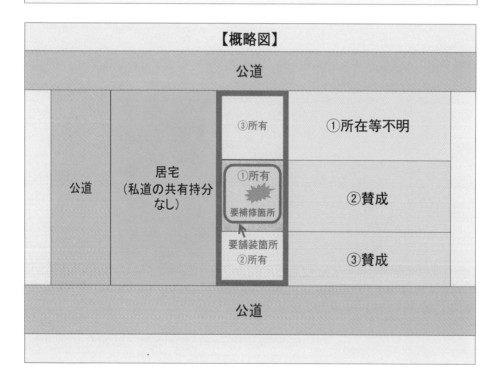

【概略図】

公道

③所有　①所在等不明

居宅（私道の共有持分なし）　①所有　要補修箇所　②賛成

公道

要舗装箇所②所有　③賛成

公道

事例 2　舗装の陥没事例（相互持合型）

事例のポイント

○　舗装されたアスファルト道として利用されている。

○　アスファルト道の路面が陥没し、通行に支障が生じており、通行人が陥没部分につまずく危険もある。

○　陥没部分の穴を塞ぎ、アスファルトで再舗装して陥没前と同様の状態に修復する工事を実施する。

○　工事の実施主体は、②及び③の所有者である。

○　地方公共団体の助成制度において、助成対象となるアスファルトの材質、施工方法等が詳細に定められており、これに従った工事を実施する。

事例の検討

○　相互持合型私道においては、特段の合意がない場合、それぞれの所有する宅地部分を要役地とし、他の者が所有する通路敷を通行のための承役地とする地役権（民法第280条）が相互に黙示的に設定されていることが多い。

○　地役権は、他人の土地を自己の土地の便益に供する権利であり、要役地所有者（②及び③の所有者）は、地役権の目的に応じて、承役地（①の通路敷部分）を利用することができる。

○　本事例のように、舗装され、全面を通路として使用される私道については、要役地所有者は、その全体を通路として自由に使用することができると考えられるため（最判平成17年3月29日裁判集民事216号421頁参照）、一部に陥没が生じて通行が阻害されている場合には、要役地所有者（②及び③の所有者）は、承役地所有者（①の所有者）の同意がなくても、私道全体の通行を確保するために補修工事を実施することができると考えられる。

○　なお、①所有の通路敷部分が複数の共有者により構成されている場合で、その一部が所在等不明であるときに、①所有の通路敷部分の陥没部分の穴を塞いだ上で、路面を部分的に再舗装する場合については、当該筆のみに着目して【事例1】と同様に処理する選択肢もあると考えられる。

事例3　全面再舗装事例（共同所有型）

○　路面の一部に段差が生じ、全体的に老朽化している共同所有型私道全体につき、アスファルト舗装工事を行いたいが、共有者の一部が所在等不明のため、工事の同意を得られない事例

1．私道の概要
・平成15年築造（アスファルト舗装）
・延長40m、幅4m（最狭箇所幅3.2m）
・アスファルトの一部に段差が生じ（下図の模様部分）、通行に支障が生じている
・アスファルト舗装が全体的に老朽化しており、段差が生じた部分以外にも、近い将来、通行に何らかの支障が生じるおそれがある
2．権利関係等の概要
・1筆の私道（下図青枠内）を①～⑥が共有(共有持分は各6分の1、③は所在等不明)
3．工事の概要
・工事の実施主体は、①、②、④～⑥
・路面をアスファルトで全面再舗装
・地方公共団体の助成制度において、助成対象となるアスファルトの材質、施工方法等が詳細に定められており、これに従って工事を実施

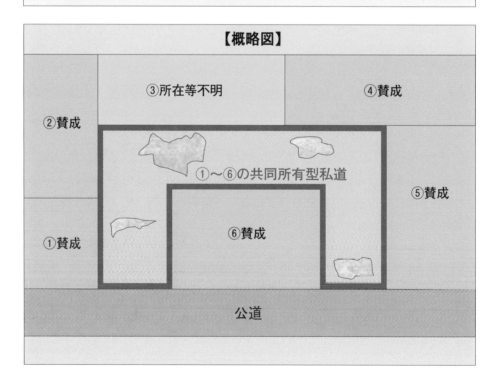

事例3　全面再舗装事例（共同所有型）

事例のポイント

○　舗装されたアスファルト道として利用されている。

○　アスファルトの一部に段差が生じ、通行に支障が生じており、通行人がつまずく危険もある。

○　アスファルト舗装が全体に老朽化し、段差が生じた部分以外にも、近い将来、通行に何らかの支障が生じることが予想され、段差をなくす工事を機に全面的に再舗装することが合理的である。

○　段差をなくすとともに、支障発生を予防するために、アスファルトで全面の再舗装を行う。

○　工事の実施主体は、①、②、④〜⑥の共有者である。

○　地方公共団体の助成制度において、助成対象となるアスファルトの材質、施工方法等が詳細に定められており、これに従った工事を実施する。

事例の検討

○　舗装されたアスファルト道の一部に段差が生じ、その部分についてのみ補修工事をすることは、一般的には、共有物の保存行為に当たる（【事例1】参照）。

○　他方、段差部分だけでなく、現時点で通行に支障がなく、道路としての機能に問題がない部分を、近い将来に生じ得る支障を予防するために全面的に再舗装工事を行うことは、全体として、共有物を改良する行為であると考えられるから、一般的には、共有物の管理に関する事項に当たる（改正前民法第252条本文、改正民法第252条第1項）。

　したがって、持分の価格に従い、その過半数の共有者の同意により、再舗装工事を行うことができるから、③以外の共有者の同意に基づいて、工事を行うことができるものと考えられる。

○　なお、段差部分以外のアスファルトの老朽化が進み、早晩陥没が生じることが予想されるような具体的徴候がある場合には、全面的に再舗装工事を行うことも、保存行為に当たると考えられる。そのような場合に、地方公共団体の助成制度の対象となる材質・施工方法により再舗装工事を行うときには、一般的には、保存行為に当たるものとして取り扱うことができるものと考えられる。

　したがって、このような場合には、各共有者が単独で再舗装工事を行うことができるものと考えられる（改正前民法第252条ただし書、改正民法第252条第5項）。

事例4 全面再舗装事例（相互持合型）

○ 路面の一部に段差が生じ、全体的に老朽化している相互持合型私道の全体につき、アスファルト舗装工事を行いたいが、所有者の一部が所在等不明のため、工事の同意を得られない事例

1．私道の概要
  ・平成15年築造（アスファルト舗装）
  ・延長40m、幅4m（最狭箇所幅3.2m）
  ・アスファルトの一部に段差が生じ（下図の模様部分）、通行に支障が生じている
  ・アスファルト舗装が全体的に老朽化しており、段差が生じた部分以外にも、近い将来、通行に何らかの支障が生じるおそれがある
2．権利関係等の概要
  ・6筆の土地で構成される私道（下図青枠内）を①～⑥が1筆ずつ所有（③は所在等不明）
3．工事の概要
  ・工事の主体は、①、②、④～⑥
  ・路面をアスファルトで全面再舗装
  ・地方公共団体の助成制度において、助成対象となるアスファルトの材質、施工方法等が詳細に定められており、これに従って工事を実施

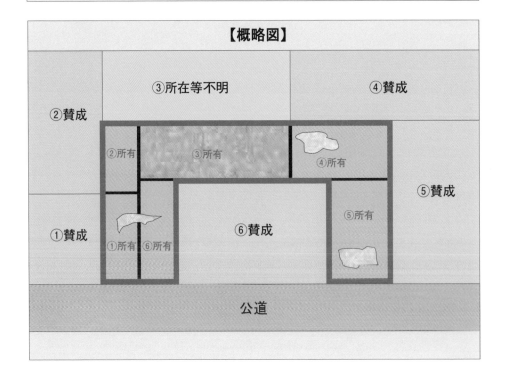

【概略図】

事例 4　全面再舗装事例（相互持合型）

事例のポイント

○　舗装されたアスファルト道として利用されている。

○　①、④～⑥の所有者が所有する私道部分のアスファルトに段差が生じ、通行に支障が生じており、通行人がつまずく危険もある。

○　アスファルト舗装が全体に老朽化し、段差が生じた部分以外にも、近い将来、通行に何らかの支障が生じることが予想され、段差をなくす工事を機に全面的に再舗装することが合理的である。

○　段差をなくすとともに、路面を強化するために、③の所有者が所有する私道部分も含め、アスファルトで全面の再舗装を行う。

○　工事の実施主体は、①、②、④～⑥の所有者である。

○　地方公共団体の助成制度において、助成対象となるアスファルトの材質、施工方法等が詳細に定められており、これに従った工事を実施する。

事例の検討

○　相互持合型私道においては、特段の合意がない場合、それぞれの所有する宅地部分を要役地とし、他の者が所有する私道部分を通行のための承役地とする地役権（民法第280条）が相互に黙示的に設定されていることが多い。

○　地役権は、他人の土地を自己の土地の便益に供する権利であり、要役地所有者（③の所有者以外の所有者）は、地役権の目的に応じて、承役地（③の所有する通路敷部分）を利用することができるが、通行を目的とする地役権の場合、承役地所有者は、要役地所有者による通行を受忍すべき義務を負うにとどまる。

　　本事例では、通行に支障があるのは、①、④～⑥の所有者が通路として提供している部分のみであり、③の所有者が提供している部分については、通行に支障がなく、通行地役権の行使自体に支障はないから、特段の事情がない限り、承役地所有者が、再舗装工事を受忍すべき義務を負うと考えることは困難である。

　　したがって、再舗装に賛成している土地所有者が通路として提供している部分については再舗装工事を行うことができるものの、③の所有者が通路として提供している部分については、再舗装を行うことができない。

　　ただし、③の所有者が提供している部分についても、アスファルトの老朽化が進み、早晩陥没が生ずることが予想されるような具体的兆候がある場合には、要役地所有者による通行を保全するため、承役地所有者が再舗装工事を受忍すべき義務を負うことがあり得ると考えられる。

○　もっとも、①、②、④～⑥の所有者は、③の所有者について不在者財産管理人等の選任申立てを行うか、又は③の所有者の所有に係る通路部分の土地について所有者不明土地管理命令の申立てを行い、選任された管理人から③の所有者が通路として提供している部分の再舗装についての同意を得ることにより、私道全面の再舗装を行うことができると考えられる。

○　なお、③所有の土地が複数の共有者により構成されている場合で、その一部が所在等不明であるときには、【事例3】と同様、共有者の過半数で決することにより再舗装することができると考えられる。

事例5　新規舗装の事例（共同所有型）

○　砂利道である共同所有型私道につき、アスファルト舗装工事を行いたいが、
　所有者の一部が所在等不明のため、工事の同意を得られない事例

1．私道の概要
・昭和41年築造（砂利道）
・延長20m、幅4m
・歩道として利用されているが、車の通行も可能
2．権利関係等の概要
・1筆の私道（下図青枠内）を①〜⑥が共有（共有持分は各6分の1、①は所在等不明）
3．工事の概要
・工事の実施主体は②〜⑥
・車道としての利用を容易にするため、路面全体をアスファルトで新規舗装
・地方公共団体の助成制度において、助成対象となるアスファルトの材質、施工方法等が詳細
　に定められており、これに従って工事を実施

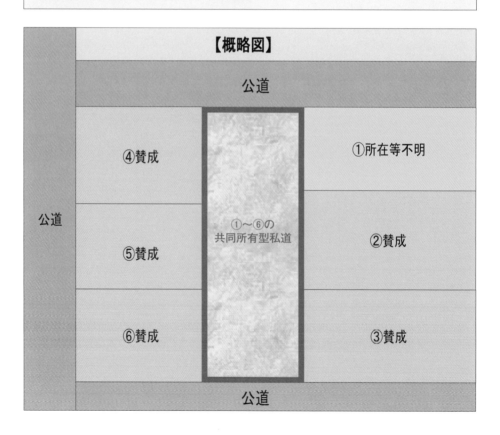

事例5　新規舗装の事例（共同所有型）

事例のポイント

○　未舗装の砂利道として利用されている。

○　歩道として利用されているが、車の通行も可能である。車道としての利用を容易にするため、砂利道をアスファルト舗装する。

○　工事の実施主体は、②〜⑥の共有者である。

○　地方公共団体の助成制度において、助成対象となるアスファルトの材質、施工方法等が詳細に定められており、これに従った工事を実施する。

事例の検討

○　砂利道の舗装においては、一般に、砂利を除去した上で、路体・路床と呼ばれる基盤層の上に、下層路盤・上層路盤と呼ばれる層を整備し、更にその上に、基層・表層と呼ばれるアスファルト面を施工する。

○　これらの工事は、通路敷に工事を施しアスファルト面等を土地に付合させるものと評価でき（民法第242条）、物理的に変更を行うものであり、歩道から車道への変更という意味で道路の機能を変えるものと評価することができる。

○　このようなことから、改正前民法の下では、砂利道である通路をアスファルト舗装する行為は、一般に、共有物に変更を加えるものであり、共有者全員の同意が必要であると考えられてきた（改正前民法第251条）。

○　改正民法においては、共有物に変更を加える行為であっても、形状又は効用の著しい変更を伴わないもの（軽微変更）については、持分の過半数で決定することができることとされた（改正民法第251条第1項、第252条第1項）。

　　そして、砂利道のアスファルト舗装は、一般に、形状に関しては、砂利を除去して下層路盤・上層路盤を整備してアスファルト面を施工するなど、ある程度の変更を伴うものの、著しく変更するものではなく、また、効用に関しても通路としての機能を向上させるに留まるものであることを勘案すると、軽微変更に当たると考えられる。

　　そのため、本事例では、①〜⑥の所有者の持分の過半数の同意を得ることによって、路面をアスファルト舗装する工事を行うことが可能と考えられる。

○　なお、上記のルールは、共有者の一部が所在等不明であるケースに限って適用されるものではないため、例えば、本事例で②の所有者がアスファルト舗装に反対しているケースであっても、③〜⑥の所有者（持分合計3分の2）の同意があれば、舗装工事を行うことは可能であると考えられる。

○　また、①の所有者のみならず、②及び③の所有者もその所在等が不明の場合、又は新規舗装に対する賛否を明らかにしない場合は、④〜⑥の共有者は、所定の手続に従い、裁判所の裁判を得て、所在等不明又は賛否不明の共有者以外の共有者である④〜⑥の共有者の持分の過半数の決定により、舗装工事を行うことが可能である（改正民法第252条第2項第1号、第2号）。

事例6　新規舗装の事例（相互持合型）

○　砂利道である相互持合型私道につき、アスファルト舗装工事を行いたいが、所有者の一部が所在等不明のため、工事の同意を得られない事例

1．私道の概要
　・昭和41年築造（砂利道）
　・延長20m、幅4m
　・歩道として利用されているが、車の通行は可能
2．権利関係等の概要
　・6筆の土地で構成される私道（下図青枠内）を6名が1筆ずつ所有（①は所在等不明）
3．工事の概要
　・工事の実施主体は②～⑥
　・車道としての利用を容易にするため、路面全体をアスファルトで新規舗装
　・地方公共団体の助成制度において、助成対象となるアスファルトの材質、施工方法等が詳細に定められており、これに従って工事を実施

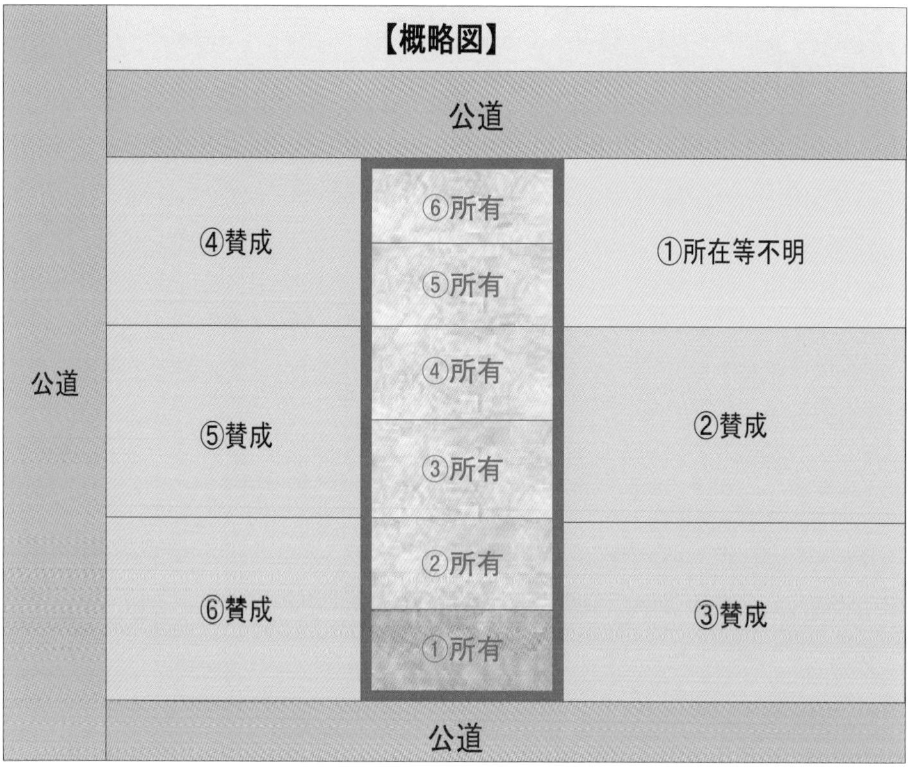

【概略図】		
公道		
④賛成	⑥所有	①所在等不明
	⑤所有	
⑤賛成	④所有	②賛成
	③所有	
⑥賛成	②所有	③賛成
	①所有	
公道		

（左端：公道）

事例6　新規舗装の事例（相互持合型）

事例のポイント

○　未舗装の砂利道として利用されている。

○　歩道として利用されているが、車の通行も可能である。車道としての利用を容易にするため、砂利道をアスファルト舗装する。

○　工事の実施主体は、②～⑥の所有者である。

○　地方公共団体の助成制度において、助成対象となるアスファルトの材質、施工方法等が詳細に定められており、これに従った工事を実施する。

事例の検討

○　相互持合型私道においては、特段の合意がない場合、それぞれの所有する宅地部分を要役地とし、他の者が所有する私道部分を通行のための承役地とする地役権（民法第280条）が相互に黙示的に設定されていることが多い。

○　地役権は、他人の土地を自己の土地の便益に供する権利であり、要役地所有者（①の所有者以外の所有者）は、地役権の目的に応じて、承役地（①の所有する通路敷部分）を利用することができるが、通行を目的とする地役権の場合、承役地所有者は、要役地所有者による通行を受忍すべき義務を負うにとどまる。

○　未舗装の道路としての通行に支障がない以上、他の者が所有する部分について所有者の承諾なく路面をアスファルトに新規舗装する工事を行うことはできない。

　　本事例では、①の所有者の所有する土地についてはアスファルト舗装をすることができず、アスファルト舗装に賛成している土地所有者（①の所有者以外の所有者）が通路として提供している部分については、アスファルト舗装することが可能であるものの、①の所有者が通路として提供している部分については、舗装工事を行うことができない。

○　なお、②～⑥の所有者は、①の所有者について不在者財産管理人等の選任申立てを行うか、又は①の所有者の所有に係る通路部分の土地について所有者不明土地管理命令の申立てを行い、選任された管理人から①の所有者が通路として提供している部分の舗装についての同意を得ることにより、私道の整備を行うことができると考えられる。

○　また、①が複数の共有者により構成されている場合で、その一部が所在等不明であるときに、①の私道部分を新規にアスファルト舗装する場合については、【事例5】と同様、共有者の持分の過半数の同意を得ることによって、新規舗装をすることができると考えられる。

事例7　側溝再設置の事例
　　　～L形側溝付近のみ再舗装（共同所有型）

○　共同所有型私道に設置されたL形側溝が老朽化したことから、撤去の上でL形側溝を新設し、路面の一部をアスファルトで再舗装する必要があるが、共有者の一部が所在等不明のため、工事の同意を得られない事例

1．私道の概要
・昭和52年築造（アスファルト舗装）
・延長20m、幅4m（側溝幅各50cm）
・私道の両端にL形側溝が設置されているが、コンクリートの基礎がなく、段差が生じている
2．権利関係等の概要
・1筆の私道（下図青枠内）を①～③が共有（共有持分は各3分の1、①は所在等不明）
3．工事の概要
・工事の実施主体は②及び③
・L形側溝の取替えに必要な限度（各幅30cm程度）のアスファルトを剥がして老朽化したL形側溝を撤去し、コンクリートで基礎を作って新たなL形側溝を設置し、必要な限度（下図赤点線内）で再舗装する

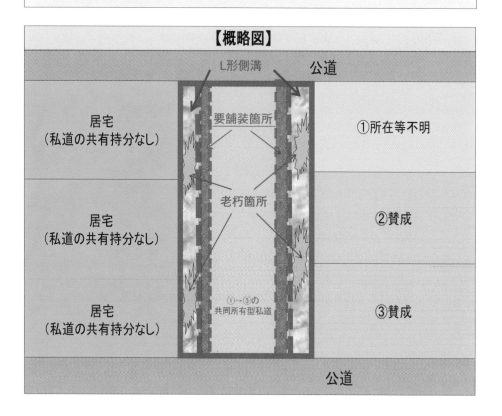

【概略図】

事例7　側溝再設置の事例
～L形側溝付近のみ再舗装（共同所有型）

事例のポイント

○　舗装されたアスファルト道にL形側溝が設置された状態で利用されている。

○　L形側溝が老朽化して陥没し、段差が生じており、通行人がつまずく危険もある。

○　L形側溝を取り替えるためには、L形側溝付近の部分のアスファルトをいったん剥がした上で再舗装する必要がある。

○　L形側溝を取り替えるとともに、必要な範囲で周囲のアスファルトの路面を再舗装する工事を実施する。

○　工事の実施主体は、②及び③の共有者である。

○　地方公共団体の助成制度において、助成対象となる施工方法等が詳細に定められており、これに従った工事を実施する。

事例の検討

○　L形側溝が老朽化して陥没し、段差が生じており、通行に危険が生じるなど、私道の機能に支障が生じている場合に、地方公共団体の助成制度の対象となる材質・施工方法によりL形側溝の取替え及び取替えに必要な限度でL形側溝付近の部分のアスファルトをいったん剥がして再舗装し、その現状を維持する行為は、一般に、共有物の保存行為に該当するものと考えられる。

○　本事例では、各共有者が単独で補修工事を行うことができるため、②や③の共有者が補修工事を行う場合には、民法上、①の共有者の同意を得る必要はない（改正前民法第252条、改正民法第252条第5項）。

事例 8　側溝再設置の事例
～L形側溝付近のみ再舗装（相互持合型）

○　相互持合型私道に設置されたL形側溝が老朽化したことから、撤去の上でL形側溝を新設し、路面の一部をアスファルトで再舗装する必要があるが、所有者の一部が所在等不明のため、工事の同意を得られない事例

1．私道の概要
・昭和52年築造（アスファルト舗装）
・延長20m、幅4m（側溝幅各50cm）
・私道の両端にL形側溝が設置されているが、コンクリートの基礎がなく、段差が生じている
2．権利関係等の概要
・3筆の土地で構成される私道（下図青枠内）を3名が1筆ずつ所有（①は所在等不明）
3．工事の概要
・工事実施主体は②及び③
・L形側溝の取替えに必要な限度（各幅30cm程度）のアスファルトを剥がして老朽化したL形側溝を撤去し、コンクリートで基礎を作ってL形側溝を設置し、必要な限度（下図赤点線内）で再舗装する

【概略図】

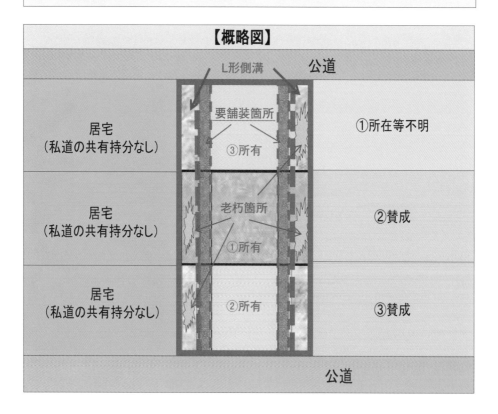

事例8　側溝再設置の事例
～L形側溝付近のみ再舗装（相互持合型）

事例のポイント

○　舗装されたアスファルト道にL形側溝が設置された状態で利用されている。

○　L形側溝が老朽化して陥没し、段差が生じており、通行人がつまずく危険がある。

○　L形側溝を取り替えるためには、L形側溝付近の部分のアスファルトをいったん剥がした上で再舗装する必要がある。

○　L形側溝を取り替えるとともに、必要な範囲で周囲のアスファルトの路面を再舗装する工事を実施する。

○　工事の実施主体は、②及び③の所有者である。

○　地方公共団体の助成制度において、助成対象となる施工方法等が詳細に定められており、これに従った工事を実施する。

事例の検討

○　相互持合型私道においては、特段の合意がない場合、それぞれの所有する宅地部分を要役地とし、他の者が所有する私道部分を通行のための承役地とする地役権（民法第280条）が相互に黙示的に設定されていることが多い。

○　地役権は、他人の土地を自己の土地の便益に供する権利であり、要役地所有者（②及び③の所有者）は、地役権の目的に応じて、承役地（①の所有する通路敷部分）を利用することができる。

○　本事例のように、舗装され、全面を通路として使用される私道については、要役地所有者は、その全体を通路として自由に使用することができると考えられるところ（最判平成17年3月29日裁判集民事216号241頁参照）、道路の端であるとはいえ、L形側溝の一部に段差が生じて通行が阻害されている場合には、要役地所有者（②及び③の所有者）は、承役地所有者（①の所有者）の同意がなくても、私道全体の通行を確保するために、補修工事を実施することができると考えることができる。

　　本事例の工事内容は、地方公共団体の助成制度の対象となる材質・施工方法によりL形側溝の取替え及び取替えに必要な限度でL形側溝付近の部分のみアスファルトをいったん剥がして再舗装するというものであり、私道全体の通行を確保するために必要最小限の補修工事を実施しようとするものと評価でき、①の所有者は、②や③の所有者による補修工事を受忍すべきものと考えられる。

○　なお、①が複数の共有者で構成されている場合で、その一部が所在等不明であるときに、①の私道部分のL形側溝を取り替えるとともに、必要な範囲で周囲のアスファルトの路面を再舗装する場合については、【事例7】と同様、その土地の共有者の1人が保存行為として工事を行うことができると考えられる。

事例9　側溝再設置の事例
　　　　　～路面全体を再舗装（共同所有型）

○ 共同所有型私道に設置されたＬ形側溝が老朽化したことから、撤去の上でＬ
　形側溝を新設し、路面全体をアスファルトで再舗装したいが、共有者の一部が
　所在等不明のため、工事の同意を得られない事例

1．私道の概要
・昭和52年築造（アスファルト舗装）
・延長20m、幅4m（側溝幅各50cm）
・私道の両端にＬ形側溝が設置されているが、全体的に老朽化して陥没し、段差が生じている
・アスファルト舗装については、特に損傷は生じていないが、全体的に老朽化している
2．権利関係等の概要
・1筆の私道（下図青枠内）を①～③が共有（共有持分は各3分の1、①は所在等不明）
3．工事の概要
・工事の実施主体は②及び③
・Ｌ形側溝の取替えに必要な限度のアスファルトを剥がして老朽化したＬ形側溝を撤去し、新
　たなＬ形側溝を設置した上で路面全体を再舗装する
・地方公共団体の助成制度において、助成対象となるアスファルトの材質、施工方法等が詳細
　に定められており、これに従って工事を実施

【概略図】

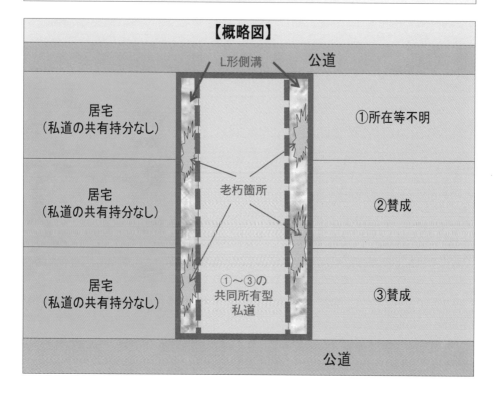

事例9　側溝再設置の事例
～路面全体を再舗装（共同所有型）

事例のポイント

○　舗装されたアスファルト道にL形側溝が設置された状態で利用されている。

○　L形側溝が老朽化して陥没し、段差が生じており、通行人がつまずく危険もある。

○　L形側溝を取り替えるためには、L形側溝付近の部分のアスファルトをいったん剥がした上で再舗装する必要がある。

○　アスファルト舗装については、特に損傷は生じていないが、全体に老朽化し、近い将来、通行に何らかの支障が生じることが予想され、L形側溝の取替工事を機に全面的に再舗装することが合理的である。

○　L形側溝を取り替えるとともに、これに必要な範囲に加え、アスファルトの路面全体を再舗装する工事を実施する。

○　工事の実施主体は、②及び③の共有者である。

○　地方公共団体の助成制度において、助成対象となる施工方法等が詳細に定められており、これに従った工事を実施する。

事例の検討

○　老朽化したL形側溝を取り替えて現状を維持するためにはL形側溝付近の部分のアスファルトのみを剥がした上で再舗装すれば足りる場合に、あえて特に通行等に支障がないアスファルトの路面全体を再舗装する工事は、共有物の現状を維持するにとどまらず、共有物を改良する行為であると考えられるから、一般には、共有物の管理に関する事項に当たる。

　したがって、共有者の持分の過半数で決することにより、工事を行うことができるから、②及び③の共有者の同意に基づいて、工事を行うことができるものと考えられる（改正前民法第252条本文、改正民法第252条第1項）。

事例10　側溝再設置の事例
〜路面全体を再舗装（相互持合型）

> ○　相互持合型私道に設置されたＬ形側溝が老朽化したことから、撤去の上でＬ形側溝を新設し、路面全体をアスファルトで再舗装したいが、所有者の一部が所在等不明のため、工事の同意を得られない事例

1．私道の概要
・昭和52年築造（アスファルト舗装）
・延長20m、幅4m（側溝幅各50cm）
・私道の両端にＬ形側溝が設置されているが、全体的に老朽化して陥没し、段差が生じている
・アスファルト舗装については、特に損傷は生じていないが、全体的に老朽化している
2．権利関係等の概要
・３筆の土地で構成される私道（下図青枠内）を３名が１筆ずつ所有（①は所在等不明）
3．工事の概要
・工事の実施主体は②及び③
・Ｌ形側溝の取替えに必要な限度のアスファルトを剥がして老朽化したＬ形側溝を撤去し、新たなＬ形側溝を設置した上で路面全体を再舗装する
・地方公共団体の助成制度において、助成対象となるアスファルトの材質、施工方法等が詳細に定められており、これに従って工事を実施

【概略図】

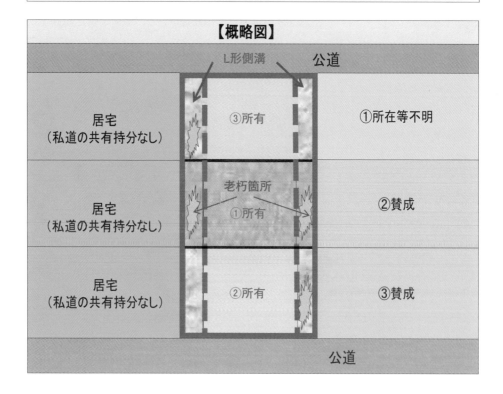

事例10　側溝再設置の事例
～路面全体を再舗装（相互持合型）

事例のポイント

○　舗装されたアスファルト道にL形側溝が設置された状態で利用されている。

○　L形側溝が老朽化して陥没し、段差が生じており、通行人がつまずく危険もある。

○　L形側溝を取り替えるためには、L形側溝付近の部分のアスファルトをいったん剥がした上で再舗装する必要がある。

○　アスファルト舗装については、特に損傷は生じていないが、全体に老朽化し、近い将来、通行に何らかの支障が生じることが予想され、L形側溝の取替工事を機に全面的に再舗装することが合理的である。

○　L形側溝を取り替えるとともに、これに必要な範囲に加え、アスファルトの路面全体を再舗装する工事を実施する。

○　工事の実施主体は、②及び③の所有者である。

○　地方公共団体の助成制度において、助成対象となる施工方法等が詳細に定められており、これに従った工事を実施する。

事例の検討

○　相互持合型私道においては、特段の合意がない場合、それぞれの所有する宅地部分を要役地とし、他の者が所有する私道部分を通行のための承役地とする地役権（民法第280条）が相互に黙示的に設定されていることが多い。

○　地役権は、他人の土地を自己の土地の便益に供する権利であり、要役地所有者（②及び③の所有者）は、地役権の目的に応じて、承役地（①の所有する通路敷部分）を利用することができるが、通行を目的とする地役権の場合、承役地所有者は、要役地所有者による通行を受忍すべき義務を負うにとどまる。

○　もっとも、本事例のように、舗装され、全面を通路として使用される私道については、要役地所有者は、その全体を通路として自由に使用することができると考えられ、私道全体の通行を確保する限度で補修工事を行い、承役地所有者に受忍させることができるものと考えられる（最判平成17年3月29日裁判集民事216号241頁参照）。

○　本事例の工事のうち、通行に支障が生じているL形側溝の取替えと、それに必要な限度のアスファルトの整備については、私道全体の通行を確保するための必要最小限の工事と評価でき、①の所有者は、②や③の所有者による工事を受忍すべき義務を負うと考えられる（【事例8】参照）。

　他方、それ以外のアスファルト部分については、通行に支障がないのであり、承役地所有者にとって、通行地役権の行使に支障がない。このような場合には、L形側溝の取替工事と同時に路面全体の再舗装工事を行わなければ通行に支障が生じる

ような事情がない限り、①の所有者が、工事を受忍すべき義務を負うと考えること
は困難である。

○　なお、②及び③の所有者は、①の所有者について不在者財産管理人等の選任申立
てを行うか、又は①の所有者の所有に係る通路部分の土地について所有者不明土地
管理命令の申立てを行い、選任された管理人から①の所有者が通路として提供して
いる部分の舗装についての同意を得ることにより、私道の整備を行うことができる
と考えられる。

○　また、①が複数名による共有である場合で、その一部が所在等不明であるとき
に、①の私道部分をアスファルト舗装する場合については、【事例9】と同様、過
半数で決することにより工事を行うことができると考えられる。

コラム

　地方公共団体の中には、住民の生活環境の改善を図るため、一般の交通の用に供されている私道の整備・舗装工事や、排水施設工事に要する費用の補助金を交付しているものがある。

　共有私道の整備工事について補助金を交付する際には、当該私道の所有者全員の承諾書を補助金申請の必要書類として定めている地方公共団体が多いところ、私道の整備の必要性があるにもかかわらず、一部の所有者が所在等不明となり、その者の承諾書が得られないため、補助金交付申請ができないという支障が生じているケースがある。特に、費用が多額に上る工事の場合には、住民個人がその全額を負担することが困難なことも少なくない。

　そこで、補助金制度を置く地方公共団体の中でも、一定の条件の下で、所有者全員の承諾書の提出がなくても、補助金を交付することができることとする先進的な取組を行っているものがあるので、紹介する（承諾書を求める共有者の範囲については、後記コラム：共有私道における排水設備の円滑な設置等の促進に関する事例勉強会も参照。）。

【熊本市の補助金交付制度】

　熊本市は、私道の整備工事又は補修工事を行う者に対し、補助金を交付する制度を設けている。

　同市の従前の私道整備補助金制度は、工事施工箇所が複数人の共有となっている場合には、全ての所有者の同意が得られていることを必要としていたが、補助金交付規則を改正し、下記の要件が満たされ、全ての共有者の承諾書を得ることができないことにつき、市長が特別の理由があると認めるときは、承諾書の添付を省略することができることとした。申請者は、申請の際、一部の共有者の承諾書が得られない理由を明らかにし、工事終了後、当該共有者又はその関係人から異議が出た場合には、補助金交付申請をした共有者において対応することを誓約する旨の書面を提出することとされている。

《要件》

①　承諾書を得ることができない共有の土地の所有者の中に反対又は態度保留の意思表示をしている者がいないこと。

②　土地の所有権の持分の割合の過半数の承諾書が提出されていること。

③　次のいずれかに該当すること。

　　ア　所在が確認できない（登記上の住所及び住民票上の住所に連絡文書を郵送しても宛先不明で返送された場合又は複数回郵送しても何ら応答がない。住民票や戸籍の調査により登記上の所有者の死亡が確認され、法定相続人の住所に連絡文書を郵送しても宛先不明で返送された場合又は複数回郵送しても何ら応答がない。）。

　　イ　病気等により判断能力が欠け又は不十分で後見人等の代理人が存在しない。

2 ライフラインに関する事例

改正民法においては、ライフラインの設備設置権・設備使用権についての規律がされたが、（前記コラム：改正民法③参照）、上水道、下水道、ガス及び電気の各事業について、以下のとおり、それぞれ別の規律が設けられている。

【上水道関係】

（上水道に関する法律関係）

⑴ 水道事業

水道事業は、原則として市町村が行うこととされている（水道法〔昭和32年法律第177号〕第3条第2項、第6条第2項）。

⑵ 水道に関する導管の種類

水道事業において、水は、水道事業者（市町村等）が設置する配水施設である配水管（同法第3条第8項）を通り、配水管から分岐して設けられる給水管（同条第9項）を通って、各戸に引き込まれている（下図参照）。

配水管・水道メータは水道事業者が所有・管理し、給水管は水の需要者が所有・管理している。

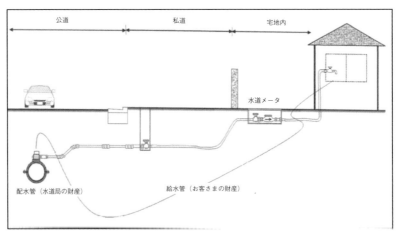

【出典：東京都水道局】

⑶ 水道施設設置工事及び給水装置工事

配水施設を新設する工事は、水道事業者が行い（同法第3条第10項）、給水装置工事は、水の需要者から申込みを受けた水道事業者又は水道事業者の指定を受けた工事業

者が行う（同法第16条の２第１項）。

⑷　給水義務等

　水道事業者は、給水契約の申込みを受けたときは、正当な理由がなければ、これを拒んではならない（同法第15条第１項）。

　また、配水施設（配水管）を含む水道施設の構造及び材質は、水圧、土圧、地震力その他の荷重に対して充分な耐力を有し、かつ、水が汚染され、又は漏れるおそれがないものでなければならない（同法第５条第３項）ため、水道事業者は、所有する配水管が上記の基準を下回ることのないように管理する責務を負う。

⑸　配水管及び給水管の所有者と土地の所有者との関係

　配水管は、通常、公道の地下に設置されているが、私道の地下に設置されている給水管を整理するなどのため、私道の地下に配水管が設置されることもある。

　私道の地下に水道事業者が所有・管理する配水管を設置する際、水道事業者は、私道の所有者との間で、配水管を設置するために地下を利用する権利を設定している。設定される権利の法的性質は、使用貸借等の契約に基づく利用権、区分地上権等、一様ではないようであるが、その期間は、一般に、配水管の使用の必要があるときまでとされており、数十年にわたる長期間の利用も可能とされている。

　また、水道事業者は、私道の地下に配水管を設置する際、配水管の漏水修理工事、取替工事、撤去工事といった配水管の維持管理の際に必要となる私道の利用についても併せて承諾を得ることが多い。

コラム 上水道に関する通知・条例

1 給水装置の設置に当たり他人の土地を使用することとなる場合の工事申込みの取扱いに関する通知要旨

　水の需要者が自己の宅地内に水を引き込むに当たり、他人の土地の地下に給水装置を設置し、公道に設置された配水管に直結させる必要が生じることがある。このような場合に、水道事業者が、申込人に対し、当該他人の土地の所有者からの承諾書の提出を求める例があるが、これに関し、次のような通知が発出されているのが参考になる。

　なお、次の通達において言及されている「承諾書を得るために金銭を要求される」ケースに関し、改正民法の設備設置権（改正民法第213条の2）が成立する場合には、こうしたいわゆる承諾料を求められても応ずる義務はない。

　承諾書の提出の要否については、各地方公共団体においてその実情に応じて判断されるところではあるが、改正民法において設備設置権が明確化され、設備設置権が成立する場合には承諾書がなくとも民法上は設備設置が可能であることを踏まえ、承諾書の提出を求める正当性について点検されることが望ましい（後記コラム：共有私道における排水設備の円滑な設置等の促進に関する事例勉強会も参照）。

○ **生食水発1128第1号（平成28年11月28日付け厚生労働省医薬・生活衛生局生活衛生・食品安全部水道課長）**

　承諾書の提出を求める手続は、給水装置工事の円滑な施行に資するものであるが、一方で、申込人が承諾書を得るために金銭を要求される、土地の所有者と連絡を取ることができず承諾書を得ることができない等の事情も生じている。

　水道事業者には水道法（昭和32年法律第177号）第15条第1項により、「事業計画に定める給水区域内の需要者から給水契約の申込みを受けたときは、正当の理由がなければ、これを拒んではならない」という給水義務が課せられており、上記のような事情において、承諾書の提出が無いことが、当該給水義務を解除する正当の理由には当たらない。

　なお、工事施行に関する土地の所有者との調整等について申込人が一義的に対応することを確認した上で工事の申込みを受理すること、当該土地を使用しないよう別の工事の方法を提案すること等の対応について否定するものではない。

2 京都市における水道事業条例の紹介

　水道法においては、下水道法の排水に関する受忍義務（下水道法第11条第1項）とは異なり、給水装置の設置につき、他の土地の所有者に対して受忍義務を課す旨の規定は置かれていないが、改正民法の設備設置権が成立する場合には、他の土地の所有者は設備設置の受忍義務を負うものと解される。

　その中で、地方公共団体が、条例を制定し、給水装置工事を実施しようとする者が他人の土地を使用しなければ給水装置を設置することができない場合に、当該他人に一定の義務を負わせることとする取組は、改正民法の趣旨にも沿うものであり、参考となる。

京都市水道事業条例においては、例えば、住民であるＡが給水のための給水装置工事を京都市に申し込むに当たり、Ｂが所有する甲土地を使用する必要が生じた場合において、Ａが工事のために合理的に必要と認められる限度でＢに甲土地の使用を申し込んだときは、Ｂは、正当な理由がない限り、Ａからの申込みを拒んではならない旨の規定が置かれている。

　また、京都市においては、他人の土地を使用しなければ給水管を埋設することができない場合において、給水装置工事実施者からの給水申請を受けたときに、従前は、承諾するための手続的な要件として、申請者に給水管の埋設に使用する土地の所有者の承諾書の写しを上下水道局に対して提出することを求めていた。しかし、このような取扱いを廃止し、申請者から、「給水管の埋設に関して、土地所有者等から異議があった場合には、給水申請者の責任で解決する」旨を明記した申請書類を提出すれば足りることとした。

【下水道関係】

　下水道法（昭和33年法律第79号）においては、他のライフライン関係の法制と異なり、公共下水道の排水区域内の土地所有者に排水設備（排水管）の設置義務が課され（下水道法第10条第1項）、他人の土地又は排水設備を使用しなければ下水を公共下水道に流入させることが困難であるときは、他人の土地に排水設備を設置することが認められている（同法第11条第1項）。

　そのため、特に相互持合型私道の場合には、下水道法の規律により処理される点に特色がある（【事例20】参照）。なお、前記コラム：改正民法③のとおり、改正民法第213条の2においてライフラインの設備設置権・設備使用権の規律が創設され、下水道の排水も同条第1項にいう継続的給付に該当するが、下水道法の規律は民法の特別法に当たるため、その適用関係は改正民法の施行後も基本的に変更がないものと解される。

（下水道に関する法律関係）

(1)　下水道事業

　下水道事業は、原則として、市町村が行うこととされており、公共下水道の設置[7]、改築、修繕、維持その他の管理は、原則として市町村が行う（下水道法第3条）。

(2)　公共下水道に関する導管の種類等

　公共下水道は、市街地の公道等の下に管渠を埋設し、自然流下やポンプ圧力等によって下水を排除し、汚水については、管渠の流末に終末処理場を設けるか、流域下水道に接続させて、最終的に処理して河川、湖沼、海域等の公共用水域に放流するものである[8]。

　家庭から排出される汚水は、各戸の所有者等が所有・管理する各戸の排水管（一般に「排水管」と呼ばれる。）を通り、排水管に接続して設置される市町村が所有・管理する排水管（一般に「公共下水管」と呼ばれる。）を通って、処理場で処理されて公共用水域に放流されることになる（次頁の図参照）。

　私道において埋設される下水管は、各戸の所有者等が所有・管理する排水管である

7　「設置」には、公共下水道又はその施設を新たに築造することに加え、市町村又は都道府県以外の者が築造した下水道を市町村又は都道府県が譲り受け、これを公共下水道とする場合も含まれる。

8　下水道の管渠の構造としては、①雨水と汚水を同一の管渠により排除し、終末処理場で処理する合流式、②雨水と汚水を別々の管渠の系統により排除し、雨水は終末処理場へ入ることなく、公共用水域へ排出し、汚水は終末処理場で処理した上で公共用水域に排出する分流式があるとされている。

ことが多いが、公共下水管が、私道下に埋設されている場合もある。

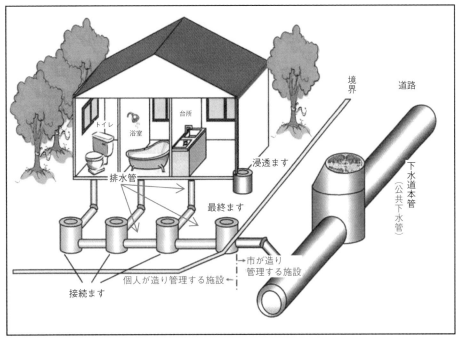

トイレ　浴室　台所　排水管　浸透ます　最終ます　境界　道路　下水道本管（公共下水管）　市が造り管理する施設　個人が造り管理する施設　接続ます

【出典：さいたま市建設局】

⑶　公共下水管の管理等

　公共下水道管理者（市町村等）は、公共下水道を良好な状態に保つように維持し、修繕し、もって公衆衛生上重大な危害が生じ、及び公共用水域の水質に重大な影響が及ぶことのないように努めなければならないとされており、公共下水道の維持又は修繕に関する技術上の基準その他必要な事項は、政令で定めることとされている（下水道法第7条の3）。

　これを受けて、下水道法施行令（昭和34年政令第147号）においては、公共下水道等の構造等を勘案して、適切な時期に、公共下水道等の巡視を行い、及び清掃、しゅんせつその他の公共下水道等の機能を維持するために必要な措置を講ずること、公共下水道等の構造等を勘案して、適切な時期に、目視その他適切な方法により公共下水道等の点検を行うこと、点検その他の方法により、公共下水道等の損傷・腐食その他劣化その他の異状があることを把握したときは、公共下水道等の効率的な維持及び修繕が図られるよう、必要な措置を講じること等が定められている（下水道法施行令第5条の12）。

⑷　排水設備の設置、管理等

ア　排水設備の設置義務

　　公共下水道の供用が開始された場合には、原則として、当該公共下水道の排水区域内の土地の所有者等（①建築物の敷地である土地については当該建築物の所有者、②建築物の敷地でない土地については、③の場合を除き、当該土地の所有者、③道路その他の公共施設の敷地である土地については、当該公共施設を管理すべき者）は、遅滞なく、その土地の下水を公共下水道に流入させるために必要な排水管、排水渠その他の排水設備を設置しなければならないとされている（下水道法第10条第1項）。

イ　排水設備（排水管）の管理

　　排水設備の改築、修繕は、これを設置すべき者が行うものとされ、その清掃その他の維持は当該土地の占有者が行うものとされている（下水道法第10条第2項）。

　　したがって、私道下に埋設されている排水管については、一般に、私道の所有者等が改築・修繕する義務を負うものと考えられる。

ウ　排水に関する受忍義務等

　　下水道法第10条1項により排水設備を設置しなければならない者は、他人の土地又は排水設備を使用しなければ下水を公共下水道に流入させることが困難であるときは、他人の土地に排水設備を設置し、又は他人の設置した排水設備を使用することができるとされている。この場合、他人の土地又は排水設備にとって最も損害の少ない場所又は箇所及び方法を選ばなければならない（同法第11条第1項）。

　　同項の規定により他人の排水設備を使用する者は、その利益を受ける割合に応じて、その設置、改築、修繕及び維持に要する費用を負担しなければならないとされている（同条第2項）。

　　また、下水道法第11条第1項の規定により他人の土地に排水設備を設置することができる者又は同法第10条第2項の規定により当該排水設備の維持をしなければならない者は、当該排水設備の設置、改築若しくは修繕又は維持をするためやむを得ない必要があるときは、他人の土地を使用することができる。この場合においては、あらかじめその旨を当該土地の占有者に告げなければならない（同法第11条第3項）。

　　同項の規定により他人の土地を使用した者は、当該使用により他人に損失を与えた場合においては、その者に対し、通常生ずべき損失を補償しなければならない（同条第4項）。

⑸　公共下水管の所有者と土地の所有者との関係

　　私道の地下に市町村等が所有・管理する公共下水管を設置する際、市町村等は、私道の所有者との間で、公共下水管を設置するために地下を利用する権利を設定してお

り、設定する権利は、使用貸借等の契約に基づく利用権、区分地上権等、一様ではないようであるが、その期間は、一般に、公共下水管の使用の必要があるときまでとされており、数十年にわたる長期間の利用も可能とされている。

　また、一般に、市町村が私道の地下に公共下水管を設置する際、公共下水管の補修工事、取替工事等の公共下水管の維持管理の際に必要となる私道の利用についても併せて承諾を得ていることが多い。

<table>
<tr><td>コラム</td><td>共有私道における排水設備の円滑な設置等の促進に
関する事例勉強会</td></tr>
</table>

　下水道の排水設備が共有私道に設置される場合には、下水道の供用開始時や排水設備の更新時に、私道共有者の同意書が揃わず、下水道への接続義務（下水道法第10条）が履行されにくい状況が増加しているとの指摘がある。

　令和3年1月に国土交通省が実施した実態調査では、全国の約7割の下水道管理者が、土地所有者等が共有私道に排水設備を設置する場合に、あらかじめ私道共有者全員の同意を得るよう独自の行政手続を行っており、同意書が揃わず、排水設備の設置が滞るといった支障があることが判明した。また、同意における本人確認の方法についても、本人確認の趣旨に対する効力が乏しいとされる認印の押印や、実印の押印及び印鑑登録証明書の添付を求めているケースもあり、デジタル社会の実現に向けた行政手続のオンライン化を進めるため、見直しが必要とされた。

　以上を踏まえ、国土交通省に設置された「共有私道における排水設備の円滑な設置等の促進に関する事例勉強会」において、共有私道における排水設備の設置等に係る行政手続や自治体独自の支援制度に係る実態把握・課題整理が行われ、令和4年3月にその結果がとりまとめられた。

　とりまとめにおいては、現在は特段の問題に直面していない自治体も、下水道の概成や経営健全化の観点から、将来を見据えて、共有私道における排水設備の円滑な設置や更新に係る環境整備を検討し、必要な対策を講ずる時期にきているとされている。

　自治体における制度・運用の見直しの方向性に関しては、排水設備設置等に関する同意を求めるべき者の範囲につき、共同所有型私道では、民法の共有に関する規定が適用されるため、「共有者の持分価格の過半数」などを基準として柔軟にその範囲の見直しを検討することが考えられるとされた。また、相互持合型私道では、下水道法第11条で規定された「排水に関する受忍義務」が適用されるとし、法令上は同意を得ずに設置が可能との解釈が示されている。ただし、同法に定める土地の占有者への事前告知の制度趣旨や住民同士のトラブル回避等の実態上の配慮を踏まえ、所在が不明な共有者を除外して、同意を求めるなどの運用が望ましいとされた。

　また、自治体独自の支援制度において同意を求めるべき者の範囲を定める際には、支援の目的や効果を踏まえ、排水設備設置等に関する上記の考え方を参考に、適切な制度の在り方を可能な限り柔軟に検討することが望ましいとされた。

　本人確認手続については、認印を求めている場合には、地方公共団体における押印見直しマニュアル（内閣府）を踏まえて手続を見直すことが望ましく、設備設置に関して実印を求めている場合には、実印を求める必要まではないとされた。

　とりまとめの内容については、以下の国土交通省のホームページを参照されたい。

https://www.mlit.go.jp/mizukokudo/sewerage/kyouyushidou.html

【ガス事業及び導管関係】

(ガス事業及び導管関係に関する法律関係)

(1) ガス事業について

ガス事業の全体構造の概要は下図のとおりである。

需要家である一般家庭がガス小売事業者とガスの小売供給契約を締結すると、ガス製造事業者により製造されたガスは、一般ガス導管事業者の導管を経由して需要家に供給される。

> ・ 小売部門（ガス小売事業者）は需要家とガスの小売供給契約を結び、その内容に応じて、導管部門（一般ガス導管事業者等）に、託送供給（導管に受け入れたガスを別の地点で払い出すサービス）を依頼する。

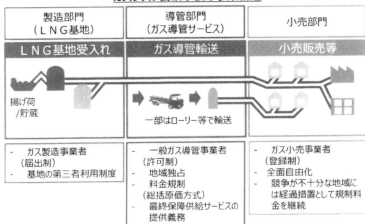

ガスシステム改革後の事業構造

【出典：経済産業省】

(2) 一般ガス導管事業者の義務

ア 託送供給義務

一般ガス導管事業者は、ガス小売事業者からの依頼に対し、正当な理由がなければ、その供給区域におけるガスの託送供給を拒んではならない（ガス事業法〔昭和29年法律第51号〕第47条第1項）とされている。

一般ガス導管事業者は、ガス小売事業者がガスを供給する相手方であるガスの需要家に対し、ガスを託送供給することになるが、その際、必要な導管の設置は、一般ガス導管事業者が行っている。

イ ガス工作物を技術上の基準に適合するよう維持する義務

導管は、ガス事業法におけるガス工作物（同法第2条第13項）に該当する。

一般ガス導管事業者は、一般ガス導管事業の用に供するガス工作物を経済産業省令で定める技術上の基準に適合するように維持しなければならず（ガス事業法第61条第1項）、これを受けたガス工作物の技術上の基準を定める省令（平成12年通商産業省令第111号。以下「技術基準省令」という。）においては、導管につき、「供用中の荷重並びに最高使用温度及び最低使用温度における最高使用圧力に対し、設備の種類、規模に応じて適切な構造でなければならない。」（技術基準省令第15条第1項第6号）などと定められている。

　導管は、その種類ごとに、技術基準省令で定める適切な方法により検査を行い、漏えいが認められなかったものでなければならない（技術基準省令第51条）などとされていることから、一般ガス導管事業者は、定期的にガスの漏えいの有無を検査する義務を負っており、漏えいが発見されれば、導管を補修するなどして、漏えいが認められない状態を維持しなければならない。

　したがって、一般ガス導管事業者は、私道下に導管を設置した場合、当然に導管の維持管理義務を負い、それに必要な限度で私道を利用することが予定されているといえる。

(3)　導管等の所有関係

　一般ガス導管事業者は、事業者ごとに託送供給約款を作成し、これに基づいてガスの託送供給を行っているが、導管は、本支管、供給管、内管の3種類に分類されている。

ア　本　支　管

　原則として公道（道路法その他の法令に定めのある国又は地方公共団体の管理する道路）に並行して公道に埋設する導管をいう。本支管は、事業者の所有に属する。

　なお、私道に埋設する導管についても、不特定多数の人及び原則として道路構造令第4条第2項に定める普通自動車の通行が可能である等の要件を満たす私道については、事業者による変更・修繕について承諾が得られた場合には、本支管として取扱われる。

イ　供　給　管

　本支管から分岐して、道路と需要家等が所有又は占有する土地との境界線に至るまでの導管をいう。供給管も、事業者の所有に属する。

ウ　内　　　管

　イの境界線からガス栓までの導管及びその付属施設をいう。

　内管は、ガス利用者の所有に属する。

⑷ 導管を私道下に設置する場合の法律関係

ア　ガスの需要家と一般ガス導管事業者との関係

　ガスの供給に関し、需要家が供給契約を締結するのは、ガス小売事業者との間であり、一般ガス導管事業者との間では契約関係がない。

イ　導管設置における一般的取扱い

　託送供給約款においては、一般ガス導管事業者が需要家等のために私道に導管を埋設する場合には、需要家等は私道所有者からの承諾を得る必要がある旨規定されている。

　この承諾については、需要家自身又は工事を実施する業者が、一般ガス導管事業者宛ての導管設置工事の承諾書を私道所有者から徴し、それを一般ガス導管事業者に提出するのが通常である。現在、当該承諾書では、導管の補修、取替え等を行う必要がある場合の工事についても、承諾の対象としており、工事の際に改めて承諾を得る必要がないようになっている。

　ただし、過去に結ばれた一部の承諾書では、導管の補修、取替え等に係る工事についての承諾を含まない場合がある。この場合、一般ガス導管事業者は、工事の際に、私道内で工事を行うことを承諾する旨の承諾書を私道所有者から提出させ、それに基づいて工事を行っている。私道所有者との関係で工事の承諾が取得できない場合であっても、現にガスの漏えいが発生しているような場合には、民法第698条の緊急事務管理の考え方に基づき、一般ガス導管事業者が補修工事を実施している。

　一般ガス導管事業者と私道所有者の間の私道の利用権の性質については、使用貸借等の契約に基づく利用権、区分地上権等、一様ではないようであるが、その期間は、一般に、ガス管の設置後、撤去するときまでとされており、数十年にわたる長期間の利用も可能とされている。

【電気事業及び電柱関係】

（電気事業及び電柱関係に関する法律関係）

(1) 電気事業について

電気事業の全体構造の概要は下図のとおりである。

需要家である一般家庭が小売電気事業者と電気の小売供給契約を締結すると、発電事業者により発電された電気は、送配電事業者の送配電設備を経由して需要家に供給される。

【電気の流れ】
- 発電事業者は、発電所で発電し、小売事業者に売電する。
- 小売電気事業者は、需要家に電気を販売する。
- 送配電事業者は、送配電設備を用いて、小売電気事業者のために電気を需要家に届ける。

【料金の流れ】
- 需要家は、小売電気事業者に電気料金を支払う。
- 小売電気事業者は，発電事業者に発電料を、送配電事業者に託送料を支払う。

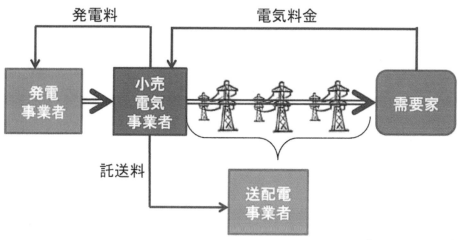

【出典：経済産業省】

(2) 一般送配電事業者等の義務

ア 託送供給義務

一般送配電事業者、配電事業者及び特定送配電事業者（以下「一般送配電事業者等」という。）は、小売電気事業者からの依頼に対し、正当な理由がなければ、その供給区域における託送供給を拒んではならない（一般送配電事業者：電気事業法〔昭和39年法律第170号〕第17条第1項、配電事業者：電気事業法第27条の12の10第1項、特

定送配電事業者：電気事業法第27条の14第１項）とされている。

　一般送配電事業者等は、小売電気事業者が契約している需要家に対し供給するための電気を託送することになるが、その際、必要な電柱の設置は、一般送配電事業者等が行っている。

イ　事業用電気工作物を維持する義務

(ア)　私道に設置される電柱は、一般的に、一般送配電事業者等が所有・管理している。これらの電柱は、電気事業法における事業用電気工作物（同法第38条第３項）であり、電気設備に関する技術基準を定める省令（平成９年通商産業省令第52号）における「支持物」に当たる（同省令第１条第15号）。

(イ)　一般送配電事業者等は、事業用電気工作物を経済産業省令で定める技術基準に適合するように維持しなければならないとされているところ（電気事業法第39条第１項）、これを受けた電気設備に関する技術基準を定める省令においては、電柱を含む支持物の材料及び構造は、その支持物が支持する電線等による引張荷重、10分間平均で風速40メートル毎秒の風圧荷重及び当該設置場所において通常想定される地理的条件、気象の変化、振動、衝撃その他の外部環境の影響を考慮し、倒壊のおそれがないよう、安全なものでなければならない旨規定されている（第32条第１項）。

　また、一般送配電事業者等は、電柱を含む事業用電気工作物の工事、維持及び運用に関する保安を確保するため、保安を一体的に確保することが必要な事業用電気工作物の組織ごとに保安規程を定めて経済産業大臣に届け出た上で、それを守らなければならないとされている（電気事業法第42条第１項、第４項）。

　したがって、一般送配電事業者等は、私道に電柱を設置した場合、当然に電柱の維持管理義務を負い、それに必要な限度で私道を利用することが予定されているといえる。

(3)　電柱等を私道に設置する場合の法律関係

ア　電気の需要家と一般送配電事業者等との関係

　電気の供給に関し、需要家が供給契約を締結するのは、小売電気事業者との間であり、一般送配電事業者等との間では契約関係がない（電気事業法第27条の15の登録を受けた特定送配電事業者とその小売供給の相手方の間を除く。）。

　一般送配電事業者、配電事業者又は特定送配電事業者が、需要家である一般家庭に電気を供給するため、私道に電柱を設置するには、小売電気事業者からの供給申込みを受ける必要がある。

イ　電柱設置における一般的取扱い

　一般送配電事業者等が需要家のために私道に電柱を設置する際、実務においては、電柱を設置する土地の地番を特定した上で、当該地番の土地の所有者から一般

送配電事業者等が所有・管理する電柱の設置のために使用すること及びこれに対して土地の使用料を支払うことにつき、承諾を得た上で、電柱設置工事を行っている。

　私道所有者からの承諾は、一般的には、私道所有者から、一般送配電事業者等宛ての電柱設置に係る承諾書を受領することにより得ている。

　一般送配電事業者等は、この承諾に基づいて私道に電柱を設置し、それを経由して需要家に電気を供給している。

　なお、電柱の取替え等を行う必要がある場合、一般送配電事業者等は、私道内で工事を行うことを承諾する旨の工事承諾書を私道所有者から受領し、それに基づいて私道を掘削した上で、電柱の取替え等をしている。

　事業者と私道所有者との間で設定される電柱設置のための土地利用権の性質については、一般的には賃借権であり、その期間は、一般に、一般送配電事業者等が設備の設置を必要とする期間とされており、数十年にわたる長期間の利用も可能とされている。

○　導管関係等対照表

　導管関係においては、導管の所有・管理者が誰か、接続先の導管が公共的導管か私人導管か、導管を設置する私道が共同所有型か相互持合型かの各要素の組合せにより、それぞれの法律関係が決定されるが、導管の種類が異なっても、法律関係は同じ場合もある。
　そこで、本ガイドラインにおいては、一般的に支障事例が多数生じていると考えられる代表的な類型の事例を取り上げ、それと同様の規律となることが明らかな事例については、下記の対照表で結論のみを掲げ、考え方については、代表的な類型についての説明を参照できるようにしたので、適宜参照されたい。
　なお、導管設置等の工事を私道所有者や公共導管設置・管理者単独で実施することができる類型の枠は水色で、私道の各所有者の持分の過半数の同意で行うことができる類型の枠は黄色で、私道所有者全員の同意がなければ実施することができない類型の枠はピンク色で表示している。

			水　道		下　水　道		ガ　ス	
			共同所有型	相互持合型	共同所有型	相互持合型	共同所有型	相互持合型
新設	私人導管を私道下に設置	公共的導管に接続	事例11 （給水管新設） 持分に応じた使用 →単独で可	事例12 （給水管新設） 地役権、設備設置権 →単独で可	事例19、21 （排水管新設） 持分に応じた使用 →単独で可	事例20、22 （排水管新設） 下水道法 →単独で可	（通常想定されない）	
		私人導管に接続	事例13 （給水管新設） 持分に応じた使用、設備使用権 →単独で可	事例14 （給水管新設） 地役権、設備設置権・設備使用権 →単独で可	事例13参照 持分に応じた使用・設備設置権 →単独で可	事例14、20参照 下水道法、地役権、設備設置権・設備使用権 →単独で可	（通常想定されない）	
	公共的導管を私道下に設置		事例23参照 管理に関する事項 →持分の過半数の同意で可	事例24参照 設置部分の各土地の所有者が地方公共団体との間で利用権設定必要	事例23 （公共下水管新設） 管理に関する事項 →持分の過半数の同意で可	事例24 （公共下水管新設） 設置部分の各土地の所有者が地方公共団体との間で利用権設定必要	事例25 （ガス管新設） 管理に関する事項 →持分の過半数の同意で可	事例24参照 設置部分の各土地の所有者が事業者との間で利用権設定必要
補修・取替	私人導管の補修・取替え		事例15 （給水管補修） 持分に応じた使用 →単独で可	事例16 （給水管補修） 地役権、設備設置権 →単独で可	事例15参照 持分に応じた使用 →単独で可	事例16、20参照 下水道法、地役権 →単独で可	（通常想定されない）	
	公共的導管の補修・取替え		事例17 （配水管取替え） 明示又は黙示の合意 →公共的導管の設置・管理者単独で可	事例18 （配水管取替え） 明示又は黙示の合意 →公共的導管の設置・管理者単独で可	事例17参照 明示又は黙示の合意 →公共的導管の設置・管理者単独で可	事例18参照 明示又は黙示の合意 →公共的導管の設置・管理者単独で可	事例26 （ガス管補修） 明示又は黙示の合意 →公共的導管の設置・管理者単独で可	事例18参照 明示又は黙示の合意 →公共的導管の設置・管理者単独で可

	電　柱	
	共同所有型	相互持合型
新　設	事例27 （電柱新設） 管理に関する事項 →持分の過半数の同意で可	事例27参照 設置部分の各土地の所有者が事業者との間で利用権設定必要
取　替 （同一場所）	事例28 （電柱取替） 明示又は黙示の合意 →公共的導管の設置・管理者単独で可	事例28参照 明示又は黙示の合意 →公共的導管の設置・管理者単独で可
取　替 （隣接場所）	事例29 （電柱取替） 管理に関する事項 →持分の過半数の同意で可	事例29参照 設置部分の各土地の所有者が事業者との間で利用権設定必要

事例11　給水管の新設事例
～給水管を配水管に接続（共同所有型）

○　共同所有型私道を経由して給水管を公道下の配水管に接続する必要があるが、共有者の一部が所在等不明で給水管設置工事の同意が得られない事例

1．私道の概要
　・平成10年私道築造
　・延長20m、幅4m（コンクリート舗装）
　・①～④は、自己所有の給水管（下図紫色部分）を公道下の配水管と接続
2．権利関係等の概要
　・1筆の私道（下図青枠内）を①～⑤が共有（共有持分は各5分の1、②は所在等不明）
　・⑤は自宅の新築に伴い、私道下に自己所有の給水管を設置し、公道下の配水管に接続する必要あり
3．工事の概要
　・工事の実施主体は⑤
　・私道を掘削し、⑤所有の給水管（下図黄色部分）を設置して公道下の配水管と接続させ、路面を舗装する

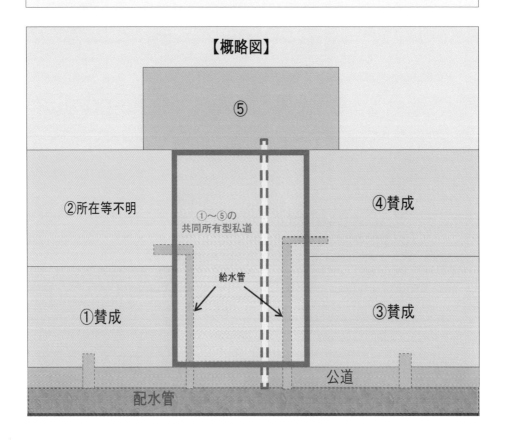

【概略図】

⑤

②所在等不明　　　　　④賛成

①～⑤の
共同所有型私道

給水管

①賛成　　　　　③賛成

公道

配水管

事例11　給水管の新設事例
〜給水管を配水管に接続（共同所有型）

事例のポイント

○　⑤の共有者が、自己の宅地内に新たに水を引き込むため、共同所有型私道下に給水管を設置する。

○　工事の実施主体は、⑤の共有者である。

○　アスファルト舗装された私道下に⑤の共有者が所有する給水管を設置するために、必要な範囲でアスファルトを剥がして路面を掘削し、給水管を設置した後、路面まで埋め戻し、再度アスファルト舗装する工事を実施する。

事例の検討

○　共有者は、共有物の全部について、その持分に応じた使用をすることができるため（改正前民法第249条、改正民法第249条第1項）、共同所有型私道について共有持分を有する共有者は、それぞれ、その持分に応じて私道を使用することができる。

　　本事例では、⑤の共有者は、その持分に応じて私道を全部使用することができることから、掘削工事を行うことについて、②の共有者の同意を得る必要はない。また、給水管を設置することにより、⑤の共有者が自己の持分を超えて共有私道を使用するものとは解されないから、⑤の共有者は①〜④の共有者に対し、対価の償還義務（改正民法第249条第2項）を負わない。

事例12　給水管の新設事例
～給水管を配水管に接続（相互持合型）

○　相互持合型私道を経由して給水管を公道下の配水管に接続する必要がある
　　が、所有者の一部が所在等不明で給水管設置工事の同意が得られない事例

1．私道の概要
　・平成10年私道築造
　・延長20m、幅4m（コンクリート舗装）
　・①～④は、自己所有の給水管（下図紫色部分）を公道下の配水管と接続
2．権利関係等の概要
　・5筆の土地で構成される私道（下図青枠内）を①～⑤が各1筆ずつ所有（②は所在等不明）
　・⑤は自宅の新築に伴い、私道下に自己所有の給水管を設置し、公道下の配水管に接続する必
　　要あり
3．工事の概要
　・工事の実施主体は⑤
　・私道を掘削し、⑤所有の給水管（下図黄色部分）を設置して公道下の配水管と接続させ、路
　　面を舗装

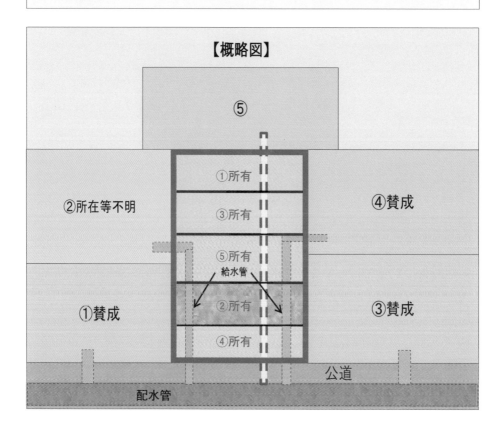

事例12　給水管の新設事例
〜給水管を配水管に接続（相互持合型）

事例のポイント
○　相互持合型私道に接した宅地を所有する者が、当該宅地内に水を引き込むための給水管を設置する。

○　宅地に水を引き込むには、他人の所有する通路敷の下に給水管を設置する以外には方法がない。

○　アスファルト舗装された私道下に⑤の所有者が所有する給水管を設置するために、必要な範囲でアスファルトを剥がして路面を掘削し、給水管を設置した後、路面まで埋め戻し、再度アスファルト舗装する工事を実施する。

○　工事の実施主体は、⑤の所有者である。

事例の検討
○　私道下に給水管が設置されている場合、私道を構成する土地の提供者は、相互に、地上の通行だけではなく、通路の地下に、公道に設置されている配水管に接続するための給水管を設置することを明示又は黙示に承諾していたものと考えられる。

　　したがって、このような場合には、新たに給水管を設置する者（⑤）に対する関係においても、私道の地下に給水管の設置を目的とする地役権（民法第280条）が明示又は黙示に設定されていると解され、⑤の所有者は、給水管を設置することができると考えられる。

○　なお、改正前民法の下でも、他の土地を経由しなければ、水道事業者の設置した配水管から宅地に給水を受けることができないいわゆる導管袋地については、他の土地に囲まれて公道に通じない土地（袋地）の所有者の通行権（囲繞地通行権）に関する民法第210条から第213条までの類推適用により、他人の土地の使用が認められる場合もある。

○　また、改正民法においては、土地の所有者は、他の土地に設備を設置し、又は他人が所有する設備を使用しなければ水道水の供給等の継続的給付を受けることができないときは、他の土地等の所有者に対する通知を行った上で、当該継続的給付を受けるために必要な範囲内で、他の土地に設備を設置し、又は他人が所有する設備を使用することができることとされている（改正民法第213条の2第1項及び第3項）。

　　本事例では、⑤の所有者は、他人の所有する通路敷の下に給水管を設置する以外に宅地に水を引き込む方法がないため、①〜④の同意を得なくとも、通知を行った上で、給水管を用いた水道の継続的給付を受けるために必要な限度で給水管を①〜④の所有する土地に設置することができる。この場合、所在等が不明である②の所有者に対しては、公示による意思表示をもって、通知を行うことになる（民法第98条）。

○　設備設置権・設備使用権を有する者は、設備を他の土地に設置し又は他人が有する設備を使用するために、当該他の土地や当該他人が所有する設備がある土地を使用することができる。この場合においては、改正民法第213条の2第4項により、隣地使用権に関する改正民法第209条第1項ただし書及び第2項から第4項までの規定が準用される。詳細については前記のコラム：改正民法④を参照されたい。

事例13　給水管の新設事例
〜給水管を共有給水管に接続（共同所有型）

○　共同所有型私道下に給水管を新設し、共有給水管に接続する必要があるが、共有者の一部が所在等不明で給水管設置工事の同意が得られない事例

1．私道の概要
・昭和60年私道築造
・延長30m、幅４m（コンクリート舗装）
・私道下には、私道開設と同時に、②〜④の共有給水管（下図紫色部分の黒点線枠内）が設置され、②〜④は、自己所有の給水管を共有給水管に接続（①、⑥〜⑧は公道に自己所有の給水管を接続）

2．権利関係等の概要
・１筆の私道（下図青枠内）を①〜⑥が共有（共有持分は①〜③、⑥が各５分の１、④と⑤は各10分の１、⑥は所在等不明）
・④は、下図緑枠内の土地を所有していたが、分筆して一部を⑤に譲渡するとともに、自己の私道の持分の半分を⑤に譲渡
・⑤は自宅の新築に伴い、私道下に自己所有の給水管を設置し、②〜④の共有給水管に接続する必要あり

3．工事の概要
・工事の実施主体は⑤
・私道を掘削し、⑤所有の給水管（下図黄色部分）を設置して②〜④の共有給水管と接続させ、路面を舗装する

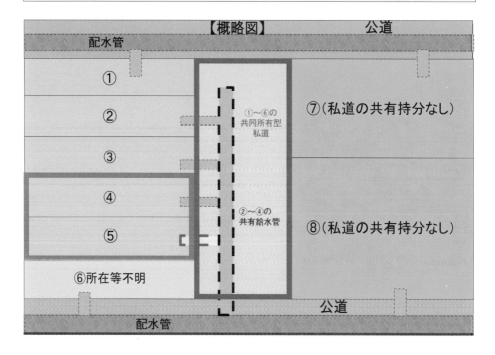

事例13　給水管の新設事例
～給水管を共有給水管に接続（共同所有型）

事例のポイント

○　⑤の私道共有者が、自己の宅地内に新たに水を引き込むため、共同所有型私道下に給水管を設置する。

○　私道の地下には、公道に設置された配水管に直結する共有給水管が設置されている。給水管の共有者は、②～④の私道共有者であり、⑤の私道共有者が共有給水管に給水管を接続することについても同意している。

○　工事の実施主体は、⑤の私道共有者である。

○　アスファルト舗装された私道下に⑤の私道共有者が所有する給水管を設置するために、必要な範囲でアスファルトを剥がして路面を掘削し、給水管を設置した後、路面まで埋め戻し、再度アスファルト舗装する工事を実施する。

事例の検討

○　共有者は、共有物の全部について、その持分に応じた使用をすることができるため（民法第249条、改正民法第249条第1項）、共同所有型私道について共有持分を有する共有者は、それぞれ、その持分に応じて私道を使用することができる。

　　本事例では、⑤の私道共有者は、その持分に応じて私道を全部使用することができるから、掘削工事を行うことについて、民法上、⑥の私道共有者の同意を得る必要はない。その際、給水管を設置することにより、⑤の共有者が自己の持分を超えて共有私道を使用するものとは解されないから、⑤の共有者は他の共有者に対し、対価の償還義務（改正民法第249条第2項）を負わない。

○　また、②～④の私道共有者の共有給水管に、⑤の私道共有者が給水管を接続する工事については、②～④の私道共有者の同意が得られている。

○　なお、改正前民法の下でも、民法第220条及び第221条の類推適用により、共有給水管を使用することができるものと考えられる（【事例14】参照）。

○　改正民法の下では、⑤の私道共有者は、②～④の共有給水管に接続しなければ水道の供給を受けられないときには、②～④の共有者に通知を行った上で、当該水道の供給を受けるために必要な範囲内で、②～④の共有給水管に自己の給水管を接続して給水管を使用することができる（改正民法第213条の2第1項及び第3項）。共有給水管の共有者の一部が所在不明である場合、所在等不明の共有者に対しては、公示による意思表示によって通知を行うことになる（民法第98条）。

事例14　給水管の新設事例
～給水管を共有給水管に接続（相互持合型）

○　相互持合型私道に隣接する宅地の居住者が、他人の土地である私道下に給水管を新設し、共有給水管に接続する必要があるが、土地所有者が所在等不明で給水管設置工事の同意が得られない事例

1．私道の概要
　・昭和60年私道築造
　・延長30m、幅4m（コンクリート舗装）
　・私道下には、私道開設と同時に②～④の共有給水管（下図紫色部分の黒点線枠内）が設置され、②～④は、自己の給水管を共有給水管に接続（①、⑥～⑧は公道に自己所有の給水管を接続）
2．権利関係等の概要
　・6筆の土地で構成される私道（下図青枠内）を①～⑥が1筆ずつ所有（⑥は所在等不明）
　・④は、下図緑枠内の土地を所有していたが、分筆して一部を⑤に譲渡するとともに、私道部分に有していた2筆の土地のうちの1筆分を⑤に譲渡
　・⑤は自宅の新築に伴い、⑥の土地下に自己所有の給水管を設置し、②～④の共有給水管に接続する必要あり
3．工事の概要
　・工事の実施主体は⑤
　・⑥所有の土地を掘削し、⑤所有の給水管を設置して②～④の共有給水管と接続させ、路面を舗装

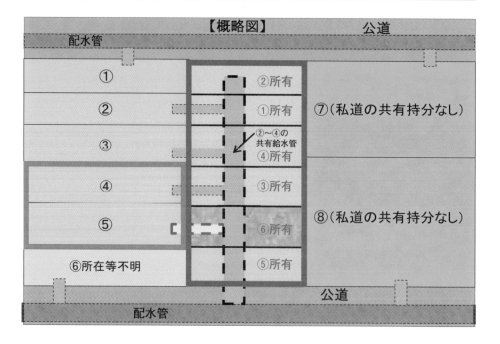

事例14　給水管の新設事例
　　　　～給水管を共有給水管に接続（相互持合型）

事例のポイント

○　相互持合型私道に接した宅地を所有する者が、当該宅地内に水を引き込むための給水管を設置する。

○　宅地に水を引き込むには、他人の所有する通路敷の下に給水管を設置する以外には方法がない。

○　私道の地下には、他の宅地の所有者が共有する給水管が設置されている。

○　工事の実施主体は、⑤の所有者である。

○　アスファルト舗装された私道下に⑤の所有者が所有する給水管を設置するために、必要な範囲でアスファルトを剥がして路面を掘削し、給水管を設置した後、路面まで埋め戻し、再度アスファルト舗装する工事を実施する。

事例の検討

○　改正前民法下の判例では、宅地の所有者は、他の土地を経由しなければ、水道事業者の設置した配水管から宅地に給水を受けることができない場合において、他人の給水設備を給水のため使用することが他の方法に比べて合理的であるときは、その使用により当該給水設備に予定される効用を著しく害するなどの特段の事情のない限り、民法第220条及び第221条の類推適用により、当該給水設備を使用することができるとされている（最判平成14年10月15日民集56巻8号1791頁参照）。そのため、⑤の所有者は、⑥の所有者の同意がなくても、給水管の設置のために⑥の所有者の通路敷を使用することができると考えられる。

○　また、自己の宅地内に水を引き込むための給水管を、他人が共有する給水管に接続するために、他人が所有する隣地を使用せざるを得ない場合には、給水管の設置という生活に不可欠の導管を設置する必要性の観点から、改正前民法の下でも、袋地利用を確保するための相隣関係の規定である民法第210条から第213条の類推適用により、他人の土地の使用が認められる場合があると考えられる。

○　さらに、私道下に給水管が設置されている場合、通路敷となる土地の提供者は、相互に、地上の通行だけではなく、通路敷の地下に、公道に設置されている配水管に接続するための給水管を設置することを明示又は黙示に承諾していたものと考えられる。

　　したがって、このような場合には、新たに給水管を設置する者（⑤）に対する関係においても、通路敷の地下に給水管の設置を目的とする地役権（民法第280条）が明示又は黙示に設定されたと考えられ、地役権に基づき給水管を設置することもできると考えられる。

○　改正民法においては、土地の所有者は、他の土地に設備を設置し又は他人が所有

する設備を使用しなければ水道水の供給等の継続的給付を受けることができないときは、他の土地等の所有者及び他の土地を現に使用している者に対する通知を行った上で、当該継続的給付を受けるために必要な範囲内で、他の土地に設備を設置し、又は他人が所有する設備を使用することができることとされた（民法第213条の2第1項及び第3項）。

　　そのため、⑤の所有者は、⑥の所有者及び私道を現に使用していると評価することができる者に対して通知（所在等不明の⑥の所有者に対しては公示による意思表示での通知）を行った上で、設備設置権に基づき、給水管の設置のために⑥の所有者の通路敷を使用することができる。また、⑤の所有者は、②〜④の同意がなくとも、これらの者に対して通知を行った上で、設備使用権に基づき、⑤の所有者が所有する給水管を②〜④の共有給水管に接続して使用することができる。

○　改正民法では、設備設置権・設備使用権を有する者は、設備を他の土地に設置し又は他人が有する設備を使用するために、当該他の土地や当該他人が所有する設備がある土地を使用することができることについては、【事例12】を参照されたい。

（改正前民法の下での参考判例）

○　最高裁判所平成14年10月15日第三小法廷判決・民集56巻8号1791頁

　宅地を所有する者（X）が、宅地内に水を引き込み、また、下水を公流又は下水道等まで排出するため、市道に設置された他人（Y）所有の給排水設備を使用することの承諾を求めた事案についてのもの。最高裁判所は、宅地の所有者が、他の土地を経由しなければ、水道事業者の敷設した配水管から当該宅地に給水を受け、その下水を公流又は下水道等まで排出することができない場合において、他人の設置した給排水設備をその給排水のため使用することが他の方法に比べて合理的であるときは、その使用により当該給排水設備に予定される効用を著しく害するなど特段の事情のない限り、民法第220条及び第221条の類推適用により、当該給排水設備を使用することができるものと解するのが相当であると判示し、YはXによる当該給排水設備の使用を受忍すべきであるとした。

事例15　給水管の補修事例（共同所有型）

○　共同所有型私道の地下に設置されている給水管から漏水したため、共同所有型私道を掘削し、給水管を修復する必要が生じたが、共有者の一部が所在等不明のため、工事の同意を得られない事例

１．私道の概要
・平成５年私道築造（アスファルト舗装）
・延長12m、幅約４m
・①～③は、私道開設と同時に、自己所有の給水管を公道下の配水管に接続
・②所有の給水管が損傷しており、補修の必要がある
２．権利関係等の概要
・１筆の私道（下図青枠内）を①～③が共有（共有持分は各３分の１、①は所在等不明）
・公道下の配水管は水道事業者所有
・給水管（下図紫色部分）は①～③がそれぞれ所有
３．工事の概要
・工事の実施主体は②
・私道の一部を掘削し、②所有の給水管を補修後、埋め直して路面の一部（３m×４m＝12㎡）をアスファルト舗装

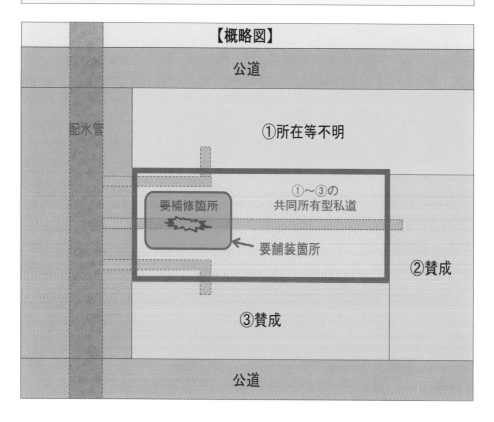

事例15　給水管の補修事例（共同所有型）

事例のポイント

○　共同所有型私道の地下に設置された給水管が破損して漏水している。

○　工事の実施主体は、②の共有者である。

○　共同所有型私道の路面を掘削し、地中に設置されている給水管を補修した後、路面まで埋め戻し、再度アスファルト舗装する工事を実施する。

事例の検討

○　私道の共有者は、共有物の全部について、その持分に応じた使用をすることができるため（改正前民法第249条、改正民法第249条第1項）、一般に、共同所有型私道の下に給水管を設置することができる。

○　そして、当該給水管に損傷が生じた場合には、持分に応じた土地の使用として、設置した給水管の損傷を補修するために必要な工事を行うことができる。

○　本事例においては、②の共有者は、共同所有型私道下に設置した自己所有の給水管を補修するため、持分に応じた使用として、①の共有者の同意がなくても、工事を行うことができるものと考えられる。

事例16　給水管の補修事例（相互持合型）

○　相互持合型私道の地下に設置されている給水管から漏水したため、私道を掘削し、給水管を修復する必要が生じたが、所有者の一部が所在等不明のため、工事の同意を得られない事例

1．私道の概要
・平成5年私道築造（アスファルト舗装）
・延長12m、幅約4m
・①～③は、私道開設と同時に、自己所有の給水管を公道下の配水管に接続
・②所有の給水管が損傷しており、補修の必要がある
2．権利関係の概要
・3筆の土地で構成される私道（下図青枠内）を①～③が各1筆ずつ所有（①は所在等不明）
・公道下の配水管は水道事業者所有
・給水管（下図紫色部分）は①～③がそれぞれ所有
3．工事の概要
・工事の実施主体は②
・私道の一部を掘削し、②所有の給水管を補修後、路面の一部（3m×4m＝12㎡）をアスファルト舗装

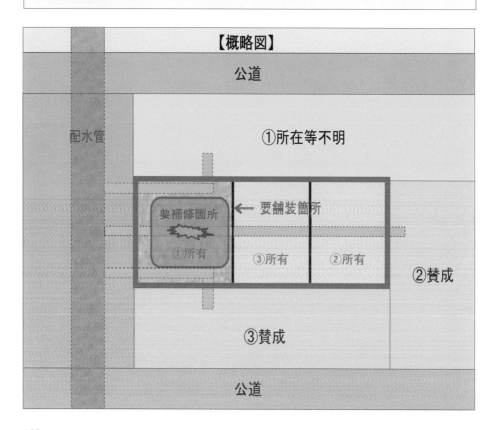

事例16　給水管の補修事例（相互持合型）

事例のポイント

○　相互持合型私道が築造されたのと同時に、私道下に①〜③がそれぞれ所有する給水管が設置され、現在に至るまで使用されている。

○　相互持合型私道の地下に設置された給水管が破損して漏水している。

○　工事の実施主体は、②の所有者である。

○　相互持合型私道の路面を掘削し、地中に設置されている給水管を補修した後、路面まで埋め戻し、再度アスファルト舗装する工事を実施する。

事例の検討

○　相互持合型私道においては、特段の合意がない場合、それぞれの所有土地部分を要役地とし、互いの所有地部分を他方の通行のための承役地とする地役権（民法第280条）が黙示に設定されていることが多い。また、地役権の内容は、設定行為によるところ、敷地内に建物を建てるのと同時に通路（私道）を開設するとともに、給水管も設置していたような場合には、土地の提供者は、相互に、私道の地下に各土地の所有者の自宅敷地内に水を引き込むための給水管を設置して私道下を利用することを内容とする地役権（民法第280条）を明示又は黙示に設定したと考えるのが合理的である。

○　私道下の給水管（導管）の設置を目的とする地役権が設定されていると考えられる場合に、本事例のように、給水管が損傷して漏水し、その利用が阻害されているときには、要役地所有者（②の所有者）は、私道下の給水管の利用を確保するために補修工事を実施することができ、承役地所有者（①の所有者）はこれを受忍すべき義務を負うと考えることができる。

○　改正前民法の下でも、他の土地を経由しなければ、水道事業者の設置した配水管から宅地に給水を受けることができないいわゆる導管袋地については、他の土地に囲まれて公道に通じる土地（袋地）の所有者の通行権（囲繞地通行権）に関する民法第210条から第213条までの類推適用により、他人の土地の使用が認められる場合もある。

○　改正民法においては、土地の所有者は、他の土地に設備を設置しなければ水道水の供給などの継続的給付を受けることができない場合には、通知を行った上で、当該他の土地に設備を設置することができ、また、当該設置のために当該他の土地を使用することができるとされている（改正民法第213条の2第1項、第3項及び第4項）。ここでいう設備の設置は、設備の新設だけでなく、既設の設備の取替えや補修を含むものと解される。

○　改正民法においては、設備設置権・設備使用権を有する者は、設備を他の土地に設置し又は他人が有する設備を使用するために、当該他の土地や当該他人が所有する設備がある土地を使用することができることについては、【事例12】を参照されたい。

事例17　配水管の取替事例（共同所有型）

○　共同所有型私道の地下に設置されている配水管が老朽化したため、路面を掘削し、配水管を取り替える必要が生じたが、共有者の一部が所在等不明のため、工事の同意が得られない事例

1．私道の概要
・昭和44年私道築造（アスファルト舗装）
・延長20m、幅約5.5m
・私道下には配水管（昭和44年布設）が設置されているが、老朽化している
・配水管の老朽化により耐力が低下し、破損・損傷による水質悪化、漏水の危険がある
2．権利関係等の概要
・1筆の私道（下図青枠内）を①～⑧が共有（共有持分は各8分の1、⑦は所在等不明）
・私道下の配水管（赤点線部分）は水道事業者所有
・給水管（下図紫色部分）は①～⑧がそれぞれ所有
3．工事の概要
・工事の実施主体は水道事業者
・路面を掘削して老朽化した配水管を取り替えた後、路面全体をアスファルト舗装

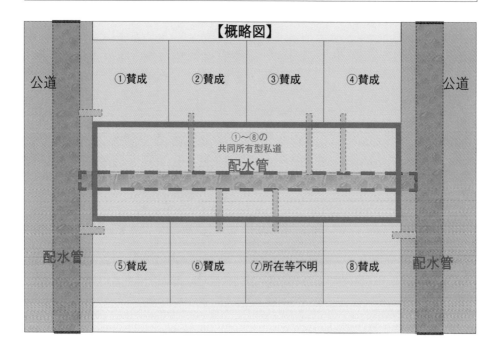

104

事例17　配水管の取替事例（共同所有型）

事例のポイント

○　共同所有型私道が築造されたのと同時期に、私道下に水道事業者が所有・管理する配水管が設置され、現在に至るまで使用されている。

○　私道下に設置されている配水管が老朽化することにより、配水管の耐力が低下し、破損・損傷による、漏水の危険が生じるため、配水管を管理する水道事業者は、配水管の補修・取替えを行う必要がある。

○　工事の実施主体は、水道事業者である。

○　共有私道の路面を掘削し、地中に設置されている配水管を取り替えた後、路面まで埋め戻し、再度アスファルト舗装する工事を実施する。

事例の検討

○　水道事業者（市町村等）は、配水管を設置する際、通常、私道の共有者全員の同意を得て、配水管の設置のため地下を利用する権利の設定を受けている。また、水道事業者は、配水管設置のための地下の利用権の設定を受ける際、配水管の補修・取替え・撤去のための私道の利用についての承諾をあらかじめ得ることによって、工事について合意していることが多い。

○　私道の共有者全員の承諾書が存在しない場合でも、共有者は配水管を通じて水の供給を継続的に受けているのであり、配水管の設置・補修等につき、共同所有する私道の利用権が黙示に設定されたと認められることが多い。

○　また、水道事業者は水道施設である配水管が耐力を有し、水が汚染され、かつ、漏れるおそれのないようにすべき責務がある。

○　本事例において、水道事業者は、⑦の共有者を含む私道共有者の合意（黙示的合意を含む。）に基づき、配水管の取替工事をすることができ、私道共有者は、工事を受忍すべき義務を負うものと考えられる。

事例18　配水管の取替事例（相互持合型）

○　相互持合型私道の地下に設置されている配水管が老朽化したため、路面を掘削し、配水管を取り替える必要が生じたが、所有者の一部が所在等不明のため、工事の同意が得られない事例

1．私道の概要
・昭和44年私道築造（アスファルト舗装）
・延長20m、幅約5.5m
・私道下には配水管（昭和44年布設）が設置されているが、老朽化している
・配水管の老朽化により耐力が低下し、破損・損傷による水質悪化、漏水の危険がある
2．権利関係の概要
・8筆の土地で構成される私道（下図青枠内）を①～⑧が各1筆ずつ所有（⑦は所在等不明）
・私道下の配水管（赤点線部分）は水道事業者所有
・給水管（下図紫色部分）は①～⑧がそれぞれ所有
3．工事の概要
・工事の実施主体は水道事業者
・路面を掘削して老朽化した配水管を取り替えた後、路面全体をアスファルト舗装

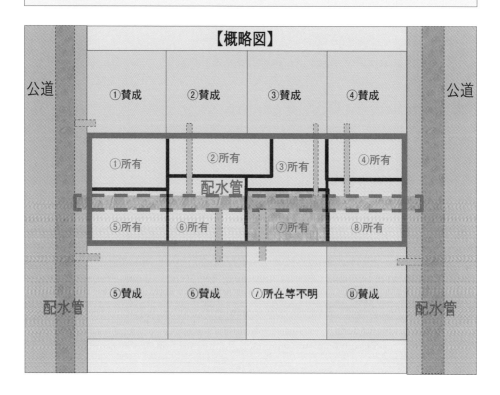

事例18　配水管の取替事例（相互持合型）

事例のポイント

○　相互持合型私道が築造されたのと同時期に、私道下に水道事業者が所有・管理する配水管が設置され、現在に至るまで使用されている。

○　私道下に設置されている配水管が老朽化することにより、配水管の耐力が低下し、破損・損傷による漏水の危険が生じるため、配水管を管理する水道事業者は、配水管の補修・取替えを行う必要がある。

○　工事の実施主体は、水道事業者である。

○　私道の路面を掘削し、地中に設置されている配水管を取り替えた後、路面まで埋め戻し、再度アスファルト舗装する工事を実施する。

事例の検討

○　水道事業者は配水管を設置する際、通常は、私道の所有者全員の同意を得て、配水管の設置のため地下を利用する権利の設定を受けている。また、水道事業者は、配水管設置のための地下の利用権の設定を受ける際、配水管の補修・取替え・撤去のための私道の利用についての承諾をあらかじめ得ることによって、工事について合意していることが多い。

○　私道の所有者全員の承諾書が存在しない場合でも、私道の各所有者は、水道事業者が設置する配水管を通じて水の供給を継続的に受けているのであり、私道の各所有者は、水道事業者に対し、配水管を設置するための土地の利用権を黙示に設定したものと認められることが多い。

○　また、水道事業者は水道施設である配水管が耐力を有し、水が汚染され、かつ、漏れるおそれのないようにすべき責務がある。

○　本事例において、地方公共団体は、⑦の通路敷所有者を含む私道所有者の合意に基づき、配水管の取替工事をすることができ、私道所有者は、工事を受忍すべき義務を負うものと考えられる。

○　また、配水管の設置について、⑦の所有者による明示又は黙示の合意（黙示的合意を含む。）が認められない場合であっても、水道事業者は、裁判所に対して、⑦の所有者について不在者財産管理人等の選任申立てを行うか、又は⑦の通路敷を対象とする改正民法の下での所有者不明土地管理命令の申立てを行い（民法第264条の2第1項）、選任された管理人に対して、配水管の取替工事の実施に係る承諾を求めることも考えられる[9]。

9　当該市町村の長は、所有者不明土地の適切な管理のため特に必要があると認められるときは、利害関係の有無を問わず、管理人の選任等の請求をすることができる（特措法第38条第1項及び第2項、改正特措法第42条第1項及び第2項）。

事例19　私有排水管の新設事例（共同所有型）

> ○　共同所有型私道下に排水管を設置したいが、共有者の一部が所在等不明で工事の同意を得られない事例

1．私道の概要
・平成9年私道築造（アスファルト舗装）
・延長18m、幅約4.5m
・公共下水道の排水区域内
・⑦は、自宅の新築に伴い、私道下に排水管を設置して公道下の公共下水管に接続しなければ、宅地の下水を公共下水管に流入させることが困難

2．権利関係等の概要
・1筆の私道（下図青枠内）を①〜⑦が共有（共有持分は各7分の1、①は所在等不明）
・私道下の排水管は②、③、⑤、⑥がそれぞれ所有
・公共下水管は地方公共団体所有

3．工事の概要
・工事の実施主体は⑦
・路面を掘削して、⑦所有の汚水枡を地方公共団体所有の公共下水管に排水管で接続し、路面を埋め戻して、必要な限度でアスファルト舗装

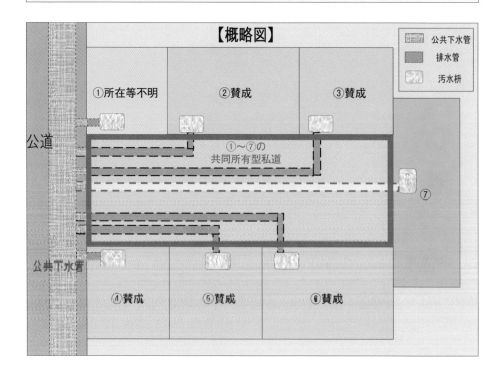

事例19　私有排水管の新設事例（共同所有型）

事例のポイント

○　公共下水道の排水区域内である。

○　工事の実施主体は、⑦の共有者である。

○　アスファルト舗装された私道下に⑦の共有者が所有する排水管を設置するために、必要な範囲でアスファルトを剥がして路面を掘削し、排水管を設置した後、再度アスファルト舗装する工事を実施する。

事例の検討

○　共有者は、共有物の全部について、その持分に応じた使用をすることができるため（改正前民法第249条、改正民法第249条第1項）、共同所有型私道について共有持分を有する共有者は、それぞれ、その持分に応じて私道を使用することができる。

　　本事例では、⑦の共有者は、その持分に応じて私道を全部使用することができるから、掘削工事を行うことについて、民法上、①の共有者の同意を得る必要はない。

　　また、排水管を新設することにより、⑦の共有者が自己の持分を超えて共有私道を使用するものとは解されないから、⑦の共有者は①～⑥の共有者に対し、対価の償還義務（改正民法第249条第2項）を負わない。

事例20　私有排水管の新設事例（相互持合型）

○　相互持合型私道下に排水管を設置したいが、所有者の一部が所在等不明で工事の同意を得られない事例

1．私道の概要
・平成9年私道築造（アスファルト舗装）
・延長18m、幅約4.5m
・公共下水道の排水区域内
・⑦は、自宅の新築に伴い、私道下に排水管を設置して公道下の公共下水管に接続しなければ、宅地の下水を公共下水管に流入させることが困難
2．権利関係等の概要
・7筆の土地で構成される私道（下図青枠内）を①〜⑦が各1筆ずつ所有（①は所在等不明）
・私道下の排水管は②、③、⑤、⑥がそれぞれ所有
・公共下水管は地方公共団体所有
3．工事の概要
・工事の実施主体は⑦
・路面を掘削して、⑦所有の汚水枡を地方公共団体所有の公共下水管に排水管で接続し、路面を埋め戻して、必要な限度でアスファルト舗装

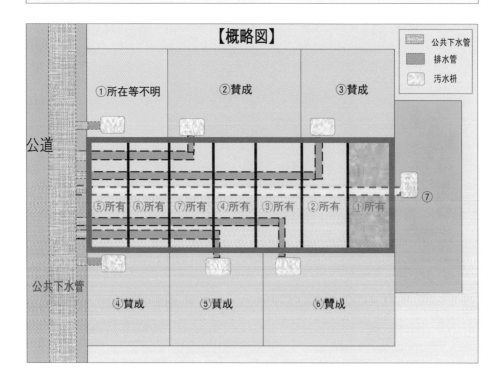

事例20　私有排水管の新設事例（相互持合型）

事例のポイント

○　公共下水道の排水区域内である。

○　私道に隣接する宅地の所有者は、他人の所有する通路敷の地下に排水管を設置して私道下の公共下水管に接続させなければ、宅地の下水を公共下水道に流入させることが困難である。

○　工事の実施主体は、⑦の所有者である。

○　アスファルト舗装された私道下に⑦が所有する排水管を設置するために、必要な範囲でアスファルトを剥がして路面を掘削し、排水管を設置した後、再度アスファルト舗装する工事を実施する。

事例の検討

○　公共下水道の供用が開始された場合には、原則として、当該公共下水道の排水区域内の土地の所有者は、遅滞なく、その土地の下水を公共下水道に流入させるために必要な排水管、排水渠その他の排水施設（以下「排水設備」という。）を設置しなければならないとされている（下水道法第10条第1項）。

○　下水道法第10条第1項により排水設備を設置しなければならない者は、他人の土地又は排水設備を使用しなければ下水を公共下水道に流入させることが困難であるときは、他人の土地に排水設備を設置し、又は他人の設置した排水設備を使用することができるとされており（下水道法第11条第1項）、この場合、他人の土地又は排水設備にとって最も損害の少ない場所又は箇所及び方法を選ばなければならない（下水道法第11条第1項）。

○　下水道法第11条第1項の規定により他人の土地に排水設備を設置することができる者は、当該排水設備の設置をするためやむを得ない必要があるときは、他人の土地を使用することができ、この場合においては、あらかじめその旨を当該土地の占有者に告げなければならないが（下水道法第11条第3項）、当該土地の所有者の同意を得なくても排水設備を設置することができる。

○　本事例においては、⑦の所有者は、①の所有者が所有する私道部分の下の公共下水管に接続させなければ公共下水道に下水を流入させることが困難であるから、下水道法第11条第1項に基づき、①の所有者の同意を得ることなく、当該私道にとって最も損害の少ない場所又は箇所及び方法によって私道下に公共下水管に接続させる排水管を設置することができる。

　　なお、私道に排水管を設置するための私道の使用により他人に損失を与えた場合においては、その者に対し、通常生ずべき損失を補償しなければならないとされている（下水道法第11条第4項）。

事例21　共同排水管等の新設事例（共同所有型）

○　共同所有型私道下に共同排水管及び共同汚水枡を設置したいが、共有者の一部が所在等不明で工事の同意を得られない事例

1．私道の概要
・平成9年私道築造（アスファルト舗装）
・延長18m、幅約1.6m
・公共下水道の排水区域内、①及び④は公共下水管に直接排水管を接続
・②、③、⑤～⑦は、私道下に共同排水管及び共同汚水枡を設置して公道下の公共下水管に接続しなければ，宅地の下水を公共下水管に流入させることが困難
2．権利関係等の概要
・1筆の私道（下図青枠内）を①～⑦が共有（共有持分は各7分の1、①は所在等不明）
・公共下水管は地方公共団体所有、共同排水管及び共同汚水枡は②、③、⑤～⑦の共有、汚水枡に接続する排水管は②、③、⑤～⑦がそれぞれ所有
3．工事の概要
・工事の実施主体は②、③、⑤～⑦
・路面を掘削して、②、③、⑤～⑦が共有する共同排水管及び共同汚水枡を私道下に設置した上で、共同汚水枡に②、③、⑤～⑦の排水管をそれぞれ接続し、路面を埋め戻して、必要な限度でアスファルト舗装

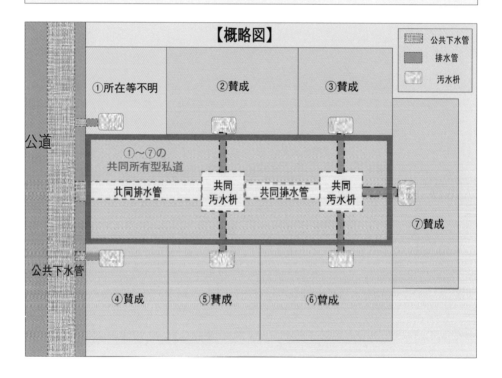

事例21　共同排水管等の新設事例（共同所有型）

事例のポイント

○　公共下水道の排水区域内である。

○　①及び④は公共下水管に直接排水管を接続している。

○　工事の実施主体は、②、③、⑤〜⑦の共有者である。

○　共同排水管及び共同汚水枡は、②、③、⑤〜⑦の共有者が共有し、汚水枡に接続する排水管は、②、③、⑤〜⑦の共有者がそれぞれ所有する。

○　アスファルト舗装された私道下に共同排水管及び共同汚水枡を設置し、②、③、⑤〜⑦が自らの所有地内の汚水枡を共同汚水枡に接続する各自所有の排水管を設置するために、必要な範囲でアスファルトを剥がして路面を掘削し、共同排水管、共同汚水枡及び排水管を設置した後、再度アスファルト舗装する工事を実施する。

事例の検討

○　共有者は、共有物の全部について、その持分に応じた使用をすることができるため（改正前民法第249条、改正民法第249条第1項）、共同所有型私道について共有持分を有する共有者は、それぞれ、その持分に応じて私道を使用することができる。

　　本事例では、②、③、⑤〜⑦の共有者は、その持分に応じて私道を全部使用することができるから、掘削工事を行い、共同排水管、共同汚水枡及び自らの所有地内の汚水枡を共同汚水枡に接続するための排水管を設置することについて、民法上、①の共有者の同意を得る必要はない。

　　また、この場合、共同排水管、共同汚水枡及び排水管の設置により、②、③、⑤〜⑦の共有者が自己の持分を超えて共有私道を使用するものではないと解されるから、他の共有者に対し、対価の償還義務（改正民法第249条第2項）を負わないと考えられる。

○　また、当該共同排水管や共同汚水枡に損傷が生じた場合において、②、③、⑤〜⑦の共有者がその補修を行うときも、持分に応じた土地の使用として、それぞれが補修のために必要な工事を行うことができる。

事例22　共同排水管等の新設事例（相互持合型）

○　相互持合型私道下に共同排水管及び共同汚水枡を設置したいが、共有者の一部が所在等不明で工事の同意を得られない事例

1．私道の概要
・平成9年私道築造（アスファルト舗装）
・延長18m、幅約4.5m
・公共下水道の排水区域内、①及び④は公共下水管に直接排水管及び共同汚水枡を接続
・②、③、⑤～⑦は，私道下に共同排水管及び共同汚水枡を設置して公道下の公共下水管に接続しなければ、宅地の下水を公共下水管に流入させることが困難
2．権利関係等の概要
・7筆の土地で構成される私道（下図青枠内）を①～⑦が各1筆ずつ所有（①は所在等不明）
・公共下水管は地方公共団体所有、共同排水管及び共同汚水枡は②、③、⑤～⑦の共有、汚水枡に接続する排水管は②、③、⑤～⑦がそれぞれ所有
3．工事の概要
・工事の実施主体は②、③、⑤～⑦
・路面を掘削して、②、③、⑤～⑦が共有する共同排水管及び共同汚水枡を私道下に設置した上で、共同汚水枡に②、③、⑤～⑦の排水管をそれぞれ接続し、路面を埋め戻して、必要な限度でアスファルト舗装

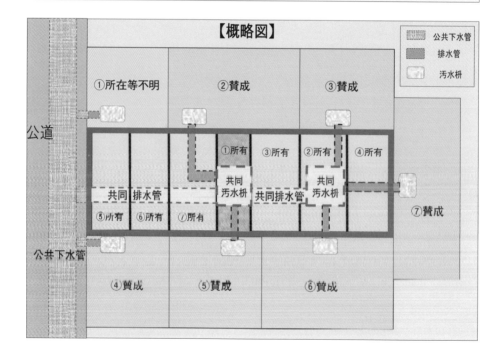

事例22　共同排水管等の新設事例（相互持合型）

事例のポイント

○　公共下水道の排水区域内である。

○　①及び④は公共下水管に直接排水管を接続している。

○　私道に隣接する宅地の所有者は、他人の所有する通路敷の地下に共同排水管及び共同汚水枡を設置して公道下の公共下水管に接続させなければ、宅地の下水を公共下水管に流入させることが困難である。

○　工事の実施主体は、②、③、⑤～⑦の所有者である。

○　共同排水管及び共同汚水枡は、②、③、⑤～⑦の所有者が共有し、汚水枡に接続する排水管は、②、③、⑤～⑦の所有者がそれぞれ所有する。

○　アスファルト舗装された私道下に共同排水管及び共同汚水枡を設置し、②、③、⑤～⑦がそれぞれ所有する所有地内の汚水枡を共同汚水枡に接続するための排水管を設置するために、必要な範囲でアスファルトを剥がして路面を掘削し、共同排水管、共同汚水枡及び排水管を設置した後、再度アスファルト舗装する工事を実施する。

事例の検討

○　公共下水道の供用が開始された場合には、原則として、当該公共下水道の排水区域内の土地の所有者は、遅滞なく、その土地の下水を公共下水道に流入させるために必要な排水管、排水渠その他の排水施設（以下「排水設備」という。）を設置しなければならないとされている（下水道法第10条第1項）。

○　下水道法第10条第1項により排水設備を設置しなければならない者は、他人の土地又は排水設備を使用しなければ下水を公共下水道に流入させることが困難であるときは、他人の土地に排水設備を設置し、又は他人の設置した排水設備を使用することができるとされており（下水道法第11条第1項）、この場合、他人の土地又は排水設備にとって最も損害の少ない場所又は箇所及び方法を選ばなければならない（下水道法第11条第1項）。

○　下水道法第11条第1項の規定により他人の土地に排水設備を設置することができる者は、当該排水設備の設置をするためやむを得ない必要があるときは、他人の土地を使用することができ、この場合においては、あらかじめその旨を当該土地の占有者に告げなければならないが（下水道法第11条第3項）、当該土地の所有者の同意を得なくても排水設備を設置することができる。

○　本事例においては、②、③、⑤～⑦の所有者は、①の所有者が所有する私道部分の下に共同汚水枡を設置し、また、⑤の所有者は、自らの所有地内の汚水枡を共同汚水枡に接続するための排水管を①の所有者が所有する私道部分の下に設置しなければ、公共下水道に下水を流入させることが困難であるから、下水道法第11条第1

項に基づき、①の所有者の同意を得ることなく、当該私道にとって最も損害の少ない場所又は箇所及び方法によって私道下に共同排水管及び自らの所有地内の汚水枡を共同排水管に接続するための排水管を設置することができる。

　なお、私道に排水管を設置するための私道の使用により他人に損失を与えた場合においては、その者に対し、通常生ずべき損失を補償しなければならないとされている（下水道法第11条第4項）。

○　また、下水道法第11条第1項の規定により他人の土地に排水設備を設置することができる者は、当該排水設備の設置、改築若しくは修繕又は維持をするためやむを得ない必要があるときは、他人の土地を使用することができ、この場合においては、あらかじめその旨を当該土地の占有者に告げなければならない（下水道法第11条第3項）。そのため、本事例において、共有私道下に設置した共同排水管、共同汚水枡及び排水管の修繕を行う必要がある場合には、設備の修繕を行う私道共有者は、あらかじめ工事を行う土地の占有者に対して通知を行った上で、当該修繕の工事のために他人の土地を使用することができる。

事例23　公共下水管の新設事例（共同所有型）

○　下水道設置のため、共同所有型私道を掘削して地下に公共下水管を新設し、アスファルトで再舗装する事例

1. 私道の概要
   ・平成5年築造（アスファルト舗装）
   ・延長40m、幅4m
   ・これまで排水区域外であったため、下水道が普及しておらず、②〜⑦、⑨、⑩は浄化槽を利用
   ・新たに排水区域指定され、下水管を整備する必要
2. 権利関係等の概要
   ・1筆の私道（下図青枠内）を①〜⑩が共有（共有持分は各10分の1、③は所在等不明）
   ・公共下水管は全て地方公共団体所有
   ・私道共有者は、地方公共団体との間で、公共下水管（下図赤点線部分）設置のための利用権設定契約を締結したい
3. 工事の概要
   ・工事の実施主体は地方公共団体
   ・必要な範囲で路面を掘削し、私道下に公共下水管を布設し、再度路面をアスファルト舗装

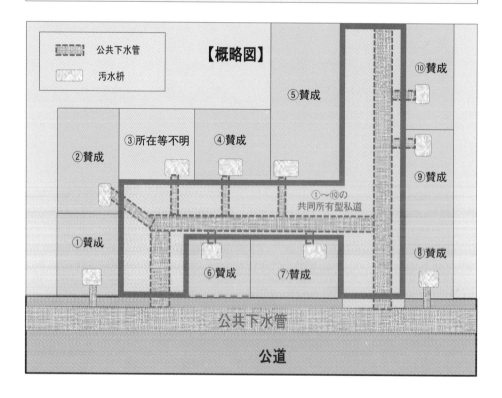

118

事例23　公共下水管の新設事例（共同所有型）

事例のポイント

○　私道沿いの各居宅は、汚水処理のために浄化槽を利用しており、私道下に排水管は設置されていなかった。

○　地方公共団体は、通常、私道下には公共下水管を設置しないが、下水道事業における下水管整備の一環として、私道所有者全員から同意が得られた場合等の一定の条件の下で、地方公共団体の負担で公共下水管を設置することがある。

○　工事の実施主体は、地方公共団体である。

○　アスファルト舗装された私道下に公共下水管を設置するために、必要な範囲でアスファルトを剥がして路面を掘削し、公共下水管を設置した後、再度アスファルト舗装する工事を実施する。

○　地方公共団体は、私道下に公共下水管を設置するために、私道の所有者との間で公共下水管を設置するための利用権設定契約を締結し、長期間土地を使用する。

事例の検討

○　市町村等が私道の地下に公共下水管を設置する際には、一般に、私道の所有者との間で、公共下水管を設置するために地下を利用する権利を設定する契約を締結している。設定される利用権の法的性質は一様ではないようであるが、一般にこのような利用権を設定する際には、契約期間は定まっていないものの、数十年にわたる長期間の利用が予定されている。

○　市町村等が私道下に公共下水管を設置する場合、市町村等が公共下水管の改築、修繕、維持その他の管理を行うこととなり（下水道法第3条）、公共下水道を良好な状態に保つように維持し、修繕する等の義務を負い（下水道法第7条の3、同法施行令第5条の12）、私道が公共の管理に服することとなる。

○　もっとも、公共下水管を私道の地下に設置した場合には、私道の地下の状態は物理的に変更されるものの、一般的に、私道の機能についての変更は生じないことや、私道共有者自身も公共下水管を使用することからすると、利用権を設定する契約を締結して私道の地下に公共下水管を設置する行為は、共有物の管理に関する事項に当たり、共有者の持分の過半数で決する（改正前民法第252条本文、改正民法第252条第1項）。

　　したがって、持分の過半数の共有者の同意により、利用権設定契約を締結して公共下水管の設置工事を行うことができるから、民法上は、③以外の共有者の同意に基づいて工事を行うことができるものと考えられる。なお、このような地下の一部のみについて利用権を設定する契約は、共有者による土地の使用を排除するものではないため、改正民法第252条第4項の賃借権等の設定には当たらないと解される。

○　なお、本事例において、共有者の一部が工事の実施について反対しているケース

や、賛否を明らかにしないケースにおいても、工事の実施主体である地方公共団体は、①〜⑩の共有者の持分の過半数の決定により、利用権設定契約を締結して公共下水管の設置工事を実施することができる（改正民法第252条第1項）。

また、共有者の一部に所在等不明者や賛否不明者がいるために①〜⑩の共有者の持分の過半数が確保できない場合であっても、改正民法の下では、所在等不明共有者以外の共有者による管理の裁判や賛否不明共有者以外の共有者による管理の裁判を得ることにより、所在等不明共有者等を除いた残りの共有者の持分の過半数で決定して、契約を締結して工事を実施することができる（改正民法第252条第2項第1号及び第2号）。

事例24　公共下水管の新設事例（相互持合型）

○　下水道設置のため、相互持合型私道を掘削して地下に公共下水管を新設し、
アスファルトで再舗装する事例

1．私道の概要
・平成5年築造（アスファルト舗装）
・延長40m、幅4m
・これまで排水区域外であったため、下水道が普及しておらず、②～⑦、⑨、⑩は浄化槽を利用
・新たに排水区域指定され、下水管を整備する必要
2．権利関係等の概要
・10筆の土地で構成される私道（下図青枠内を①～⑩が所有、③は所在等不明）
・公共下水管は全て地方公共団体所有
・私道所有者は、地方公共団体との間で、公共下水管（下図赤点線部分）設置のための利用権設定契約を締結したい
3．工事の概要
・工事の実施主体は地方公共団体
・必要な範囲で路面を掘削し、私道下に公共下水管を布設し、再度路面をアスファルト舗装

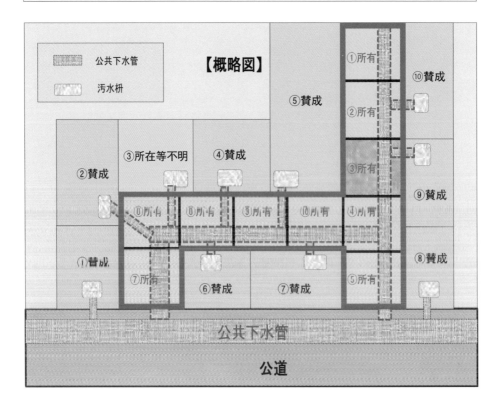

事例24　公共下水管の新設事例（相互持合型）

事例のポイント

○　私道沿いの各居宅は、汚水処理のために浄化槽を利用しており、私道下に排水管は設置されていなかった。

○　地方公共団体は、通常、私道下には公共下水管を設置しないが、下水道事業における下水道管整備の一環として、私道所有者全員から同意が得られた場合等の一定の条件の下で、地方公共団体の負担で公共下水管を設置することがある。

○　工事の実施主体は、地方公共団体である。

○　アスファルト舗装された私道下に公共下水管を設置するために、必要な範囲でアスファルトを剥がして路面を掘削し、公共下水管を設置した後、再度アスファルト舗装する工事を実施する。

○　地方公共団体は、私道下に公共下水管を設置するために、私道の所有者との間で公共下水管を設置するための利用権設定契約を締結し、長期間土地を使用する。

事例の検討

○　市町村等が私道の地下に公共下水管を設置する際には、一般に、私道の所有者との間で、公共下水管を設置するために地下を利用する権利を設定する契約を締結している。設定される利用権の法的性質は一様ではないようであるが、一般にこのような利用権を設定する際には、契約期間は定まっていないものの、数十年にわたる長期間の利用が予定されている。

○　市町村等が私道下に公共下水管を設置する場合、市町村等が公共下水管の改築、修繕、維持その他の管理を行うこととなり（下水道法第3条）、公共下水道を良好な状態に保つように維持し、修繕する等の義務を負い（下水道法第7条の3、同法施行令第5条の12）、私道が公共の管理に服することとなる。

○　相互持合型私道においては、私道の全ての土地の所有者が、それぞれ地方公共団体との間で利用権設定契約を締結することが必要となると考えられる。

　なお、その際、共有となっている土地がある場合は、【事例23】に準じて、共有物の管理に関する事項に当たり、当該土地の共有者の持分の過半数の同意が必要となる（民法第252条第1項）。

○　したがって、③の所有者の同意がない限り、③の所有者の所有に係る土地に公共下水管を新設することは困難である。

○　もっとも、地方公共団体は、③の所有者について不在者財産管理人等の選任申立てを行うか、又は③の所有者の所有に係る通路部分の土地について改正民法の下での所有者不明土地管理命令の申立てを行い、選任された管理人から、公共下水管の設置についての承諾を得ることにより、私道下に公共下水管の設置を受けることができると考えられる[10]。

10　市町村の長は、所有者不明土地の適切な管理のため特に必要があると認められるときは、利害関係の有無を問わず、管理人の選任等の請求をすることができる（特措法第38条第1項及び第2項、改正後特措法第42条第1項及び第2項）。

事例25　ガス管の新設事例（共同所有型）

○　共同所有型私道の路面を掘削し、地下にガス管を新設する必要が生じたが、共有者の一部が所在等不明のため、工事の同意を得られない事例

1．私道の概要
・昭和52年私道築造（アスファルト舗装）
・延長約20m、幅約4m
・私道下にガス管（本支管、供給管、内管）が設置されておらず、新設する必要がある

2．権利関係等の概要
・1筆の私道（下図青枠内）を①〜⑦が共有（共有持分は各7分の1、⑦は区域外で居住していたが所在等不明）
・設置後、本支管（下図茶色部分）と供給管（下図オレンジ色部分）は一般ガス導管事業者所有、内管（下図黄色部分）は各個人（①〜⑥）所有となる
・私道所有者は、一般ガス導管事業者との間で、本支管及び供給管設置のための契約を締結したい

3．工事の概要
・工事の実施主体は一般ガス導管事業者
・私道上のアスファルトを撤去して掘削し、下図のように、私道下に本支管と供給管を新設した後、路面全体をアスファルト舗装

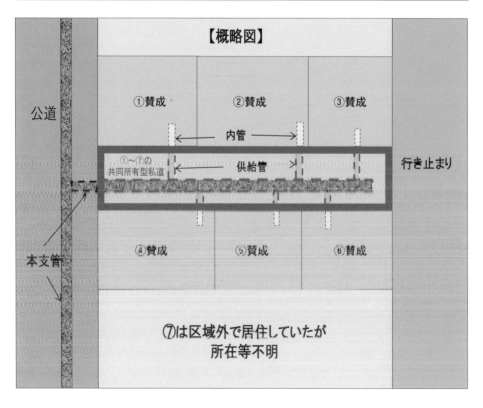

事例25　ガス管の新設事例（共同所有型）

事例のポイント

○　ガス管が設置されていなかった地域において、共同所有型私道下にガス管（本支管及び供給管）を新設する。

○　アスファルト舗装された私道下に、本支管及び本支管から各戸に繋がる供給管を設置するため、必要な範囲でアスファルトを剥がして路面を掘削し、ガス管を設置した後、再度アスファルト舗装する工事を実施する。

○　工事の実施主体は、一般ガス導管事業者である。

○　設置する本支管及び供給管は一般ガス導管事業者所有である。

○　一般ガス導管事業者は、本支管及び供給管を設置するために、私道の所有者との間でガス管を設置するための利用権設定契約を締結し、長期間土地を使用する。

事例の検討

○　一般ガス導管事業者が私道の地下に同事業者の所有するガス管を設置する際には、私道の所有者との間で、ガス管を設置するために地下を利用する権利を設定する契約を締結している。その設定される利用権の法的性質は一様ではないようであるが、一般にこのような利用権を設定する場合、数十年にもわたる長期間の利用も可能とされている。

○　ガス管を私道の地下に設置した場合には、私道の地下の状態は物理的に変更されるものの、一般的に、私道の機能についての変更は生じないことや、私道共有者自身もガス管を使用することからすると、利用権を設定する契約を締結して私道の地下にガス管を設置する行為は、共有物の管理に関する事項に当たり、共有者の持分の過半数で決する（改正前民法第252条本文、改正民法第252条第1項）。

　　したがって、持分の過半数の共有者の同意により、利用権設定契約を締結してガス管の設置工事を行うことができるから、民法上は、⑦以外の共有者の同意に基づいて工事を行うことができるものと考えられる。

　　なお、このような地下の一部のみについて利用権を設定する契約は、共有者による土地の使用を排除するものではないため、改正民法第252条第4項の賃借権等の設定には当たらないと解される。

○　なお、本事例において、共有者の一部が工事の実施について反対しているケースや、賛否を明らかにしないケースにおいても、工事の実施主体である一般ガス導管事業者は、①～⑦の共有者の持分の過半数の決定により、利用権設定契約を締結して、ガス管の設置工事を実施することができる（改正前民法第252本文、改正民法第252条第1項）。

　　また、共有者の一部に所在等不明者や賛否不明者がいるために①～⑦の共有者の持分の過半数が確保できない場合であっても、改正民法の下では、所在等不明共有者以外の共有者による管理の裁判や賛否不明共有者以外の共有者による管理の裁判を得ることにより、所在等不明共有者等を除いた残りの共有者の持分の過半数で決定して、契約を締結し、工事を実施することができる（改正民法第252条第2項第1号及び第2号）。

事例26　ガス管の補修事例（共同所有型）

○　地下の本支管が破損し、ガス漏れが生じていることから、共同所有型私道の路面を掘削し、地下の本支管を補修する必要が生じたが、共有者の一部が所在等不明のため、工事の同意を得られない事例

1．私道の概要
・平成5年私道築造（アスファルト舗装）
・延長約20m、幅約4m
・私道下にガス管（平成5年設置）が設置されているが、本支管が破損し、微量のガス漏れが生じている

2．権利関係等の概要
・1筆の私道（下図青枠内）を①～⑦が共有（共有持分は各7分の1、⑦は区域外に居住していたが、所在等不明）
・設置後、本支管（下図茶色部分の赤点線枠内）、供給管（下図オレンジ色部分）は一般ガス導管事業者所有、内管（下図黄色部分）は各個人（①～⑥）所有となる
・①～⑦と一般ガス導管事業者の間では、本支管と供給管を共有私道下に設置するための利用権設定契約が締結されている

3．工事の概要
・工事の実施主体は一般ガス導管事業者
・私道の一部のアスファルトを撤去して掘削し、地下の本支管を補修した後、路面の一部をアスファルト舗装（2m×4m＝8㎡）

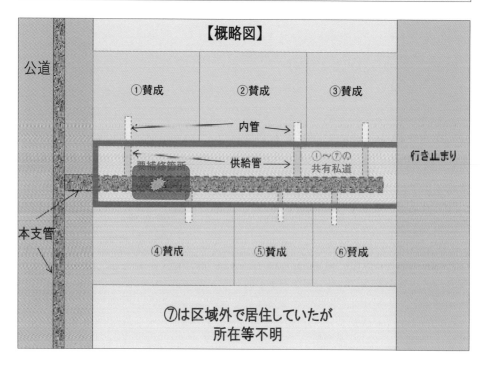

事例26　ガス管の補修事例（共同所有型）

事例のポイント

○　共同所有型私道が築造されたのと同時期に、私道下にガス事業者が所有・管理するガス管（本支管）が設置され、現在に至るまで使用されている。

○　私道下に設置されている一般ガス導管事業者が所有・管理するガス管（本支管）からガスが漏れているため、ガス管（本支管）を管理する一般ガス導管事業者は、ガス管（本支管）の補修を行う必要がある。

○　ガスは、空気中で一定濃度を超え、着火源が存在すると着火する可能性があることから、地中でガス漏れが生じている本事例においては、着火・爆発に至る可能性がある。

○　工事の実施主体は、一般ガス導管事業者である。

○　私道の路面を掘削し、地中に設置されているガス管を補修して埋め直し、路面を再舗装する。

事例の検討

○　一般ガス導管事業者はガス管を設置する際、通常は、私道の共有者全員の同意を得て、ガス管の設置のため地下を利用する権利の設定を受けている。また、一般ガス導管事業者は、ガス管設置のための地下の利用権の設定を受ける際、ガス管の補修・取替え・撤去のための私道の利用についての承諾をあらかじめ得ることによって、工事について合意していることが多い。

○　私道の共有者全員の承諾書が存在しない場合でも、共有者がガス管を通じてガスの供給を継続的に受けているようなケースであれば、何らかの利用権が黙示に設定されたと認められることが多い。

○　一般ガス導管事業者は、私道下に設置しているガス管を維持管理すべき責務を負っている。

○　本事例において、一般ガス導管事業者は、⑦の共有者を含む私道共有者の合意に基づき、当該私道を利用してガス管の補修工事をすることができ、私道共有者は、工事を受忍すべき義務を負うものと考えられる。

○　なお、私道の利用につき承諾があることや利用権が黙示に設定されていることについては、相互持合型私道においても同様であり、一般ガス事業者は、ガス管の補修部分を行う部分の土地の所有者の合意に基づき、当該土地を利用してガス管の補修工事をすることができ、土地所有者は、工事を受忍すべき義務を負うものと考えられる。

事例27　電柱の新設事例

○　共同所有型私道上に電柱を新設したいが、共有者の一部が所在等不明であるため、工事の同意が得られない事例

1．私道の概要
・平成10年築造（アスファルト舗装）
・延長20m、幅4m
・①〜④は、公道上の電柱から自宅に電線を引き込んでいたが、⑤宅の新築に伴い、電気を供給するための電柱を共有私道内に新設する必要がある
2．権利関係等の概要
・1筆の私道（下図青枠内）を①〜⑤が共有（共有持分は各5分の1、③は所在等不明）。
・電柱は一般送配電事業者所有
・一般送配電事業者は、私道所有者との間で、電柱設置のための契約を締結したい
3．工事の概要
・工事の実施主体は一般送配電事業者
・必要な限度で路面を掘削して電柱を設置し、舗装する
・工事期間は約1か月間

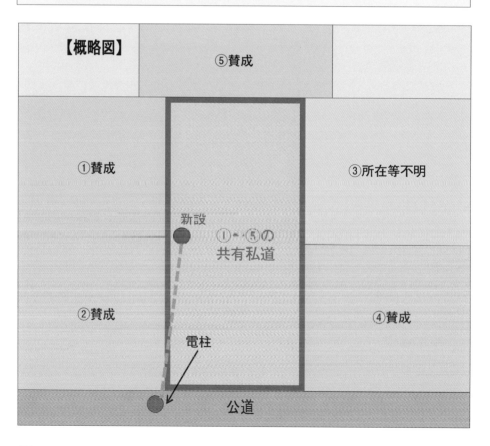

事例27　電柱の新設事例

事例のポイント

○　私道上に電柱は設置されていなかった。

○　アスファルト舗装された私道に電柱を設置するため、必要な範囲でアスファルトを剥がして路面を掘削し、一般送配電事業者所有の電柱を設置する。

○　工事の実施主体は、一般送配電事業者である。

○　一般送配電事業者は、私道に電柱を設置するために、私道の所有者との間で電柱を設置するための利用権設定契約を締結し、長期間土地を使用する。

事例の検討

○　一般送配電事業者が私道上に新たに電柱を新設する場合、一般に、私道の所有者との間で電柱を設置するために土地を利用する権利を設定する契約を締結している。設定される利用権の法的性質は、一般的には賃借権であるが、その期間は、一般に、数十年にわたる長期間の利用も可能とされている。

○　本事例において、私道の共有者が、一般送配電事業者との間で利用権設定契約を締結し、同事業者に電柱の新設工事を行わせることは、私道の状態を物理的に変更するものの、一般的に、私道の機能についての変更は生じないことからすると、利用権設定契約を締結して私道に電柱を設置する行為は、共有物の管理に関する事項に当たり、共有者の持分の過半数で決する（改正前民法第252条本文、改正民法第252条第1項）。

○　したがって、持分の過半数の共有者の同意により、利用権設定契約を締結して電柱の設置工事を行うことができるから、民法上は、③以外の共有者の同意に基づいて工事を行うことができるものと考えられる。

　なお、このような通路の一部のみについて利用権を設定する契約は、共有者による土地の使用を排除するものではないため、改正民法第252条第4項の賃借権等の設定には当たらないと解される。

○　なお、本事例において、共有者の一部が工事の実施について反対しているケースや、賛否を明らかにしないケースにおいても、工事の実施主体である一般送配電事業者は、①〜⑤の共有者の持分の過半数の同意を得て電柱の設置工事を実施することができる。

　共有者の一部に所在等不明者や賛否不明者がいるために①〜⑤の共有者の持分の過半数が確保できない場合であっても、改正民法の下では、所在等不明共有者以外の共有者による管理の裁判や賛否不明共有者以外の共有者による管理の裁判を得ることにより、所在等不明共有者等を除いた残りの共有者の持分の過半数で決定して、工事に同意することができる（改正民法第252条第2項第1号及び第2号）。

○　もっとも、電柱の設置場所によっては、宅地からの出入りや公道への車による出

入りが困難になる等、共有者の一部の者の共有私道の利用を妨げることになったり、トラブルが生じたりする可能性があるため、設置位置については可能な限り共有者間で協議を行い、少なくとも、居宅前に電柱を設置される共有者の同意を得る等十分に配慮することが望ましい。

○　なお、相互持合型私道において、電柱を新設する場合には、電柱を設置する土地の部分の所有者の同意が必要であると考えられる（当該土地が共有となっているときは、共有物の管理に関する事項に当たり、共有物の持分の過半数で決する）。

電柱を設置する部分の土地の所有者の所在が不明である場合には、一般送配電事業者は、当該所有者について不在者財産管理人等の選任申立てを行うか、又は当該所有者の所有に係る電柱が新設される予定の土地について改正民法の下での所有者不明土地管理命令の申立てを行い、選任された管理人から電柱の新設に係る承諾を得ることにより、電柱を設置することができると考えられる。

○　実務上は、全員の同意が得られない場合は、同意が得られる宅地敷地内に電柱を設置して送電をすることができるようにしていることが多い。

事例28　電柱の取替事例（同一場所）

○　共同所有型私道上の電柱を取り替えたいが、共有者の一部が所在等不明であるため、工事の同意が得られない事例

1．私道の概要
・昭和56年築造（アスファルト舗装）
・延長20m、幅4m
・①宅前に事業者所有のコンクリート製の電柱が設置されている（下図星印、平成元年設置）が、ひび割れするなど老朽化しており、取り替える必要がある
2．権利関係等の概要
・1筆の私道（下図青枠内）を①〜⑤が共有（共有持分は各5分の1、④・⑤は区域外に居住していたが、いずれも所在等不明）
・電柱は一般送配電事業者所有
・事業者は、①〜⑤との間で、電柱設置のための契約を締結している
3．工事の概要
・工事の実施主体は一般送配電事業者
・本事例の場合、老朽化電柱の隣が②の居宅の玄関前であり、電柱を建てることができないため、⑴下図の仮設先に電柱を建てて仮舗装する、⑵老朽化電柱から既設電線を撤去する、⑶仮設電柱に新規電線を設置する、⑷老朽化電柱を撤去して、同所に新電柱を建てて本舗装する、⑸仮設電柱の既設電線を撤去して、新電柱に新規電線を設置し、仮設先を本舗装するという流れで工事を実施
・工事期間は約6か月

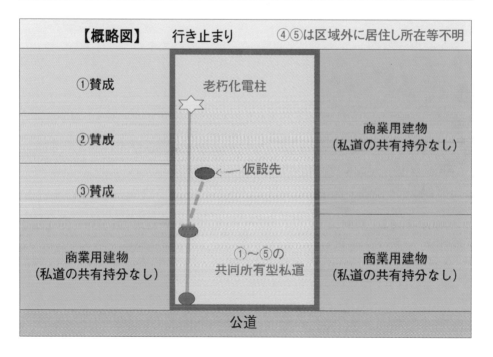

事例28　電柱の取替事例（同一場所）

事例のポイント

○　共同所有型私道が築造されたのと同時期に、私道上に一般送配電事業者が所有する電柱が設置され、現在に至るまで使用されている。

○　私道に設置された電柱に大きな亀裂が生じており、将来的に倒壊する危険があるため、電柱を管理する義務を負う一般送配電事業者は、電柱の補修・取替えを行う必要がある。

○　工事の実施主体は、一般送配電事業者である。

○　私道上の別の場所に仮設の電柱を設置し、旧電柱に取り付けられた電線を取り外し、仮設電柱に電線を移設する。

○　旧電柱を撤去し、同所に新電柱を設置した後、仮設電柱に取り付けられた電線を取り外して新電線に移設し、仮設電柱を撤去し、同所を再舗装する。

○　一般送配電事業者と土地所有者との間では、土地につき、電柱を設置するための利用権設定契約が締結されている。

事例の検討

○　一般送配電事業者が電柱を設置する際、通常は、私道の共有者全員の同意を得て、電柱の設置のため私道を利用する権利の設定を受けることによって、工事について合意している。

○　私道の共有者全員の承諾書が存在しない場合でも、共有者は電気の供給を継続的に受けているのであり、何らかの利用権が黙示に設定されたと認められることが多い。

○　本事例において、一般送配電事業者は、④及び⑤の共有者を含む私道共有者の合意に基づき、電柱の取替工事をすることができ、私道共有者は、工事を受忍すべき義務を負うものと考えられる。

○　また、工事の期間中に仮設電柱を共有私道上に設置することも、電柱を設置する際の合意の範囲内の行為とみることができ、私道共有者はこれを受忍すべき義務を負うものと考えられる。

○　これに対し、相互持合型私道の場合には、一般送配電事業者は、電柱の設置の際に、電柱を設置する部分の土地の所有者との間で、電柱の設置のため当該部分を利用する権利の設定を受けることによって、工事について合意している。

　　そのため、一般送配電事業者は、明示又は黙示の合意に基づき、電柱を取り替えて再度同じ位置に設置することができる。

○　相互持合型私道において仮設電柱を設置する場合については、これを設置する土地の所有者の同意を得る必要がある。

事例20　電柱の取替事例（隣接場所）

○　共同所有型私道上の電柱を取り替えたいが、共有者の一部が所在等不明であるため、工事の同意が得られない事例

1．私道の概要
・昭和56年築造（アスファルト舗装）
・延長20m、幅4m
・私道上の電柱が老朽化しており、取り替える必要がある
2．権利関係等の概要
・1筆の私道（下図青枠内）を①〜⑤が共有（共有持分は各5分の1、③は所在等不明）。
・電柱は一般送配電事業者所有
・一般送配電事業者は、私道共有者との間で、電柱設置のための契約を締結している
3．工事の概要
・工事の実施主体は一般送配電事業者
・(1)現在の電柱の所在地から約1m離れた場所を必要な限度で掘削して新電柱を立てて舗装し、(2)新電柱に新規電線等を設置した後、旧電柱の既設電線を撤去し、(3)旧電柱を撤去して路面を舗装する
・工事期間は約3か月

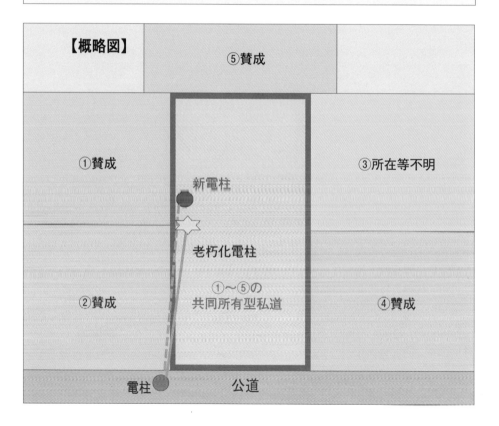

事例29　電柱の取替事例（隣接場所）

事例のポイント

○　共同所有型私道が築造されたのと同時期に、私道上に一般送配電事業者が所有する電柱が設置され、現在に至るまで使用されている。

○　私道に設置された電柱に大きな亀裂が生じており、将来的に倒壊する危険があるため、電柱を管理する義務を負う一般送配電事業者は、電柱の補修・取替えを行う必要がある。

○　工事の実施主体は、一般送配電事業者である。

○　現在の電柱の所在地に隣接する場所を必要な限度で掘削して新電柱を設置し、新電柱に新規電線等を設置した後、旧電柱の既設電線を撤去し、旧電柱を撤去して路面を再舗装する。

○　一般送配電事業者と土地所有者との間では、土地につき、電柱を設置するための利用権設定契約が締結されている。

事例の検討

○　一般送配電事業者が電柱を設置する際、通常は、私道の共有者全員の同意を得て、電柱の設置のため私道を利用する権利の設定を受けることによって、工事について合意している。

○　私道の共有者全員の承諾書が存在しない場合でも、共有者は電気の供給を継続的に受けているのであり、何らかの利用権が黙示に設定されたと認められることが多い。

○　本事例において、一般送配電事業者は、③の共有者を含む私道共有者の合意に基づき、電柱の取替工事をすることができるが、電柱の設置位置を変更することにより、土地の利用状況・方法が変更されるから、電柱を隣接場所に移設することに同意する行為は、共有物の管理に関する事項に当たり、共有者の持分の過半数の同意が必要となる（改正前民法第252条本文、改正民法第252条第1項）。なお、電柱の危険度・電柱取替の緊急性が高い場合には、電柱の取替のための土地利用について、保存行為（改正前民法第252条ただし書、改正民法第252条第5項）として、共有者の一人の承諾で足りる場合もあり得ると考えられる。

○　なお、改正民法においては、電柱の設置場所を変えることで宅地からの出入りや公道への車による出入りが困難になる等、共有者の一部の者の共有私道の利用を妨げることになったり、トラブルが生じたりする可能性があるため、設置位置については可能な限り共有者間で協議を行い、少なくとも、居宅前に電柱を設置される共有者の同意を得る等十分に配慮することが望ましいことについては、【事例27】と同様である。

○　これに対し、相互持合型私道の場合には、一般送配電事業者は、電柱の設置の際

に、電柱を設置する部分の土地の所有者との間で、電柱の設置のため当該部分を利用する権利の設定を受けているが、それ以外の部分の土地所有者との間では、利用権の設定を受けていない。

　そのため、一般送配電事業者は、新たな電柱を設置する土地の所有者との間で利用権の設定を受けていない場合には、改めて、当該土地所有者との間で利用権の設定を受ける必要がある。

　なお、新たな電柱を設置する土地の所有者の所在が不明であるような場合、一般送配電事業者としては、当該所有者について不在者財産管理人等の選任申立てを行うか、又は当該所有者の所有に係る新たに電柱が設置される予定の土地について改正民法の下での所有者不明土地管理命令の申立てを行い、選任された管理人から新たな電柱の設置に係る承諾を得ることにより、新たな電柱を設置することができると考えられる。

○　本事例において、共有者の一部が電柱の取替え工事について反対しているケースや、賛否を明らかにしないケースにおいても、工事の実施主体である一般送配電事業者は、①〜⑤の共有者の持分の過半数の同意を得て、電柱の取替え工事を実施することができる（改正民法第252条第1項）。

　また、共有者の一部に所在等不明者や賛否不明者がいるために①〜⑤の共有者の持分の過半数が確保できない場合であっても、改正民法の下では、所在等不明共有者以外の共有者による管理の裁判や賛否不明共有者以外の共有者による管理の裁判を得ることにより、所在等不明共有者等を除いた残りの共有者の持分の過半数で決定して、工事に同意することができる（改正民法第252条第2項第1号及び第2号）。

3 その他

事例30 階段の新設事例

○ 坂道である共同所有型私道に階段を設置したいが、共有者の一部が所在等不明のため、工事の同意が得られない事例

1. 私道の概要
 ・昭和60年私道築造（コンクリート舗装）
 ・延長20m、幅4m
 ・私道は急勾配の坂道
2. 権利関係等の概要
 ・1筆の私道（下図青枠内）を①～④が共有（共有持分は各4分の1、①は所在等不明）
3. 工事等の概要
 ・工事の実施主体は②～④
 ・下図のように、坂道である私道上に階段を設置する
 ・階段を設置すると、自動車や自転車の通行はできなくなる

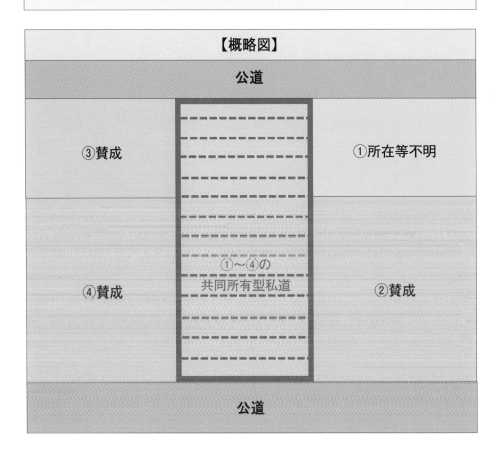

【概略図】

事例30　階段の新設事例

事例のポイント

○　コンクリート舗装された坂道として利用されている。

○　工事の実施主体は、②～④の共有者である。

○　坂道であるコンクリート道の路面の全体にコンクリートの階段を設置し、私道全体を階段にする。

事例の検討

○　坂道であるコンクリート道をコンクリートの階段とする工事は、通路敷に加工を施し、その形状を大きく変更するものといえる。

○　階段が設置されていない坂道と階段が設置された道とでは、道路としての機能が異なり、坂道で従来通行できた自動車や自転車の通行が不可能になるとすれば、道路の効用を大きく変えるものと評価することができる。

○　以上からすると、坂道である通路の全面に階段を新設し、自動車や自転車の通行をできなくする行為は、一般に、共有物に形状又は効用の著しい変更を伴う変更を加えるものであり、共有者全員の同意が必要である（改正前民法第251条、改正民法第251条第1項）。

　　したがって、①の共有者から同意が得られない限り、階段を新設することはできない。

○　改正民法の下では、所在等不明共有者がいる場合には、所在等不明共有者以外の共有者による変更の裁判を得ることにより、共有者全員の同意が必要な変更行為を行うことができる（改正民法第251条第2項）。

　　したがって、②～④の共有者は、裁判所の決定を得た上で、階段の新設工事を行うことができると考えられる。

○　また、②～④の各共有者は、①の共有者が有する土地の共有持分について所有者不明土地管理命令の申立てを行うか、①の共有者について不在者財産管理人等の選任申立てを行い、選任された管理人から、階段の設置に係る同意を得ることにより、私道上に階段を設置することができると考えられる。

○　さらに、本事案における各居宅と共有私道は、区分所有法上の団地に該当すると考えられるところ、区分所有法上は、団地内にある団地建物所有者が共有する土地に形状又は効用の著しい変更を伴う変更を行う場合であっても、団地建物所有者及び議決権の各4分の3以上の多数による集会の決議があれば、これを行うことができる（同法第66条、第17条第1項）。

　　したがって、区分所有法に規定する手続を経れば、②～④の共有者の同意を得て、階段を設置することができると考えられる。

○　なお、相互持合型私道の場合には、他の者が所有する部分については、所有者の承諾なく階段の設置工事を行うことができない。他の所有者は、階段の設置工事を実施する場合には、①の所有者について不在者財産管理人等の選任申立てを行うか、①の所有者が所有する土地について改正民法の下での所有者不明土地管理命令の申立てを行い、選任された管理人から、階段の設置に係る同意を得ることにより、私道上に階段を設置する工事を実施することができると考えられる。

事例31　階段の拡幅事例

○　共同所有型私道上の階段を拡幅したいが、共有者の一部が所在等不明のため、工事の同意が得られない事例

1．私道の概要
　・昭和60年私道築造（コンクリート舗装，階段部分の幅２ｍ）
　・延長20ｍ、幅４ｍ
　・階段の幅が狭く、通行人がすれ違う際等に支障がある
　・私道の両端は未舗装で雑草が生育している
2．権利関係等の概要
　・１筆の私道（下図青枠内）を①〜③が共有（共有持分は各３分の１、①は所在等不明）
3．工事等の概要
　・工事の実施主体は②及び③
　・下図の赤点線部分のように、私道上の階段を２ｍ拡幅

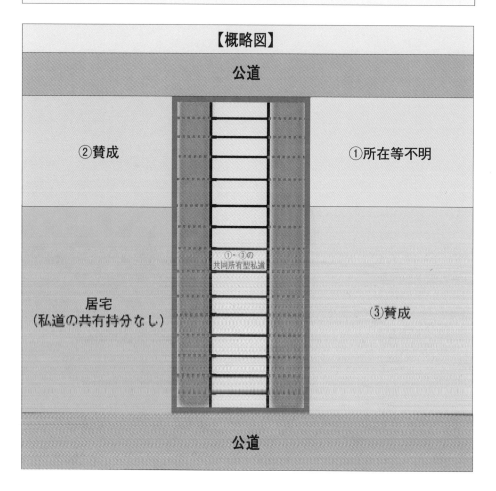

【概略図】

公道

②賛成　　　　①所在等不明

①～③の
共同所有型私道

居宅
（私道の共有持分なし）　　　③賛成

公道

事例31　階段の拡幅事例

事例のポイント
○　共同所有型私道上に幅2メートルのコンクリート階段が設置されており、その両端には雑草が生育していた。
○　私道上の幅2メートルの階段を4メートルに拡幅する。
○　工事の実施主体は、②及び③の共有者である。
○　従前は雑草が生育していた階段の両端にコンクリートで階段を設置する工事を行うことにより階段を拡幅する。

事例の検討
○　私道上の階段を拡幅する行為は、物理的に路面の形状を変更するものではあるが、元来、幅2メートルの階段を2メートル拡幅しても形状の変更の程度は大きいとはいえない上、階段としての私道の機能には変更がないことから、一般には、共有物の変更行為には当たらないと考えられる。

○　私道上の階段を拡幅することにより、階段を同時に通行することができる人数が増加し、通行の安全性が高まることから、私道の階段を拡幅する行為は、一般に、共有私道の道路としての機能を向上させ、改良するものとして、共有物の管理に関する事項に当たり、共有者の持分の過半数で決する（改正前民法第252条本文、改正民法第252条第1項）。

　したがって、過半数の持分を有する共有者の同意により、拡幅工事を行うことができるから、①以外の共有者の同意に基づいて、工事を行うことができるものと考えられる。

○　本事例において、共有者の一部が工事の実施について反対しているケースや、賛否を明らかにしないケースにおいても、工事の実施主体である②及び③は、①～③の共有者の持分の過半数の同意を得て、階段の拡幅工事を実施することができる（改正民法第252条第1項）。

　また、共有者の一部に所在等不明者や賛否不明者がいるために①～③の共有者の持分の過半数が確保できない場合であっても、改正民法の下では、所在等不明共有者以外の共有者による管理の裁判や賛否不明共有者以外の共有者による管理の裁判を得ることにより、所在等不明共有者等を除いた残りの共有者の持分の過半数で決定して、工事に同意することができる（改正民法第252条第2項第1号及び第2号）。

○　なお、相互持合型私道の場合には、他の者が所有する部分については、所有者の承諾なく階段の拡幅工事を行うことができない。他の所有者は、階段の拡幅工事を実施する場合には、①の所有者について不在者財産管理人等の選任申立てを行うか、①の所有者が所有する土地について改正民法の下での所有者不明土地管理命令の申立てを行い、選任された管理人から、階段の拡幅に係る同意を得ることにより、私道上の階段を拡幅する工事を実施することができると考えられる。

事例32　階段への手すり設置事例

○　共同所有型私道上の階段に手すりを設置したいが、共有者の一部が所在等不明のため、工事の同意が得られない事例

1．私道の概要
・昭和60年私道築造（コンクリート舗装、全体が階段状）
・延長20m、幅４m
・階段である私道に手すりがなく、高齢者の通行に危険が伴っている
2．権利関係等の概要
・１筆の私道（下図青枠内）を①〜③が共有（共有持分は各３分の１、①は所在等不明）
3．工事等の概要
・工事の実施主体は②及び③
・階段である共有私道の中央部分に手すりを設置する（下図の赤点線部）

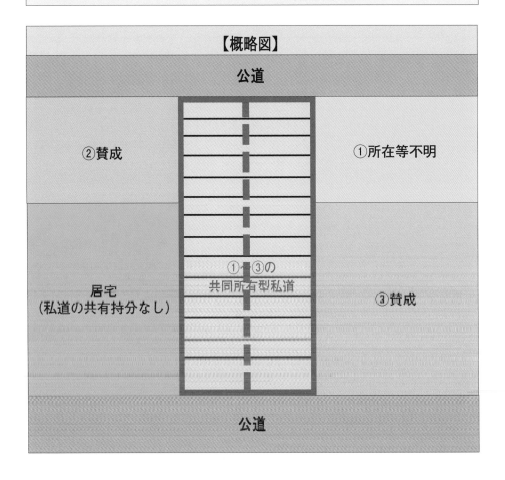

【概略図】

公道

②賛成　　　　　　①所在等不明

居宅
（私道の共有持分なし）　　①〜③の　　　③賛成
共同所有型私道

公道

事例32　階段への手すり設置事例

事例のポイント

○　共有私道上に階段が設置されている。

○　工事の実施主体は、②及び③の共有者である。

○　幅4メートルの共有私道上の階段の中心に手すりを設置する。

事例の検討

○　共有私道上の階段に手すりを設置しても、路面の形状の変更の程度は大きいといえず、階段としての機能に変更もないことから、階段に手すりを設置する行為は、一般に共有物の変更行為には当たらないと考えられる。

○　共有私道上の階段に手すりを設置することで、高齢者や子ども等が転倒を防止することができるなど、階段としての利便性が向上することから、階段への手すりの設置行為は、共有物を改良するものとして共有物の管理に関する事項に当たり、共有者の持分の過半数で決する（改正前民法第252条本文、改正民法第252条第1項）。

　　したがって、過半数の持分を有する共有者の同意により、手すりの設置工事を行うことができるから、①以外の共有者の同意に基づいて、工事を行うことができるものと考えられる。

○　なお、相互持合型私道の場合には、他の者が所有する部分については、所有者の承諾なく手すりの設置工事を行うことができない。他の所有者は、手すりの設置工事を実施する場合には、①の所有者について不在者財産管理人等の選任申立てを行うか、①の所有者が所有する土地について改正民法の下での所有者不明土地管理命令の申立てを行い、選任された管理人から、手すりの設置に係る同意を得ることにより、手すりを設置する工事を実施することができると考えられる。

事例33　ゴミボックスの新設事例

○　共同所有型私道上に近隣住民が利用するゴミボックスを設置したいが、共有者の一部が所在等不明で同意を得られない事例

1．私道の概要
・平成10年築造（アスファルト舗装）
・延長20m、幅6m
・ゴミ置き場での猫によるゴミの散乱が問題になっている
2．権利関係等の概要
・一筆の私道（下図青枠内）を①〜⑤が共有（共有持分は各5分の1、②は所在等不明）
・ゴミボックスは、①、③〜⑤が加入している自治会の所有
・①、③〜⑤は、自治会からゴミボックスを借り受けて共同所有型私道上に設置
3．工事の概要
・工事の実施主体は、①、③〜⑤
・ゴミステーションにステンレス製のゴミボックスを設置
・ゴミボックスの大きさは，縦2m×横2m×高さ1m
・ゴミボックスは路面を変形させるものではないが、重量が約50kgあり、動かすのは容易でない

【概略図】

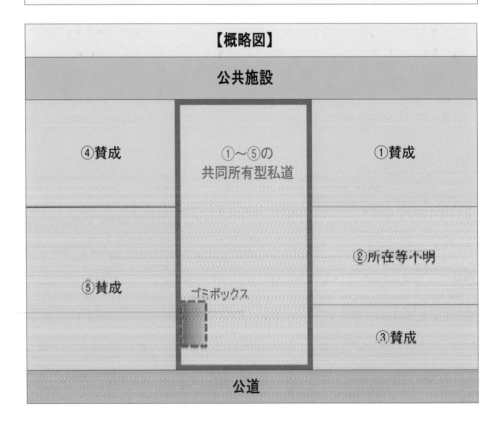

事例33　ゴミボックスの新設事例

事例のポイント

○　共有私道上に大型のゴミボックスを設置する。

○　ゴミボックスは、①、③～⑤の共有者が加入している自治会の所有であるが、①、③～⑤の共有者が自治会からゴミボックスを借り受けて、私道の通行の妨げにならない位置に設置する。

○　ゴミボックスの設置主体は、①、③～⑤の共有者である。

○　ゴミボックスは路面に固定するわけではないが、重量が50キログラムあり、動かすのは容易ではない。

事例の検討

○　ゴミボックスを路面に固定しない方法により私道上に設置することは、私道をどのように利用するかという利用方法に関する事項であるため、一般的には、共有物の管理に関する事項に当たる（改正前民法第252条本文、改正民法第252条第1項）。

　　したがって、過半数の持分を有する共有者の同意により、共有私道の利用方法を決することができるから、②以外の共有者の同意に基づいて、ゴミボックスを設置することができるものと考えられる。

○　もっとも、ゴミボックスの設置場所によっては、宅地からの出入りや公道への車による出入りが困難になるほか、悪臭によって生活に支障を来す等、共有者の一部の者の共有私道の利用を妨げることになったり、トラブルが生じたりする可能性があるため、設置位置については可能な限り共有者間で協議を行い、少なくとも、居宅前にゴミボックスを設置される共有者の同意を得る等十分に配慮することが望ましい。

○　なお、本事例において、共有者の一部がゴミボックスの設置について反対しているケースや、賛否を明らかにしないケースにおいても、ゴミボックスの設置主体である①、③～⑤は、①～⑤の共有者の持分の過半数の同意を得て、ゴミボックスを設置することができる（改正民法第252条第1項）。

　　また、共有者の一部に所在等不明者や賛否不明者がいるために①～⑤の共有者の持分の過半数が確保できない場合であっても、改正民法の下では、所在等不明共有者以外の共有者による管理の裁判や賛否不明共有者以外の共有者による管理の裁判を得ることにより、所在等不明共有者等を除いた残りの共有者の持分の過半数で決定して、工事に同意することができる（改正民法第252条第2項第1号及び第2号）。

○　なお、相互持合型私道の場合には、ゴミボックスを設置する土地の所有者の同意を得る必要がある。この場合、②以外の所有者は、②の所有者について不在者財産管理人等の選任申立てを行うか、②の所有者の所有に係る通路部分の土地について改正民法の下での所有者不明土地管理命令の申立てを行い、選任された管理人から②の所有者が通路として提供している部分にゴミボックスを設置することについての同意を得ることにより、ゴミボックスを設置することができると考えられる。

事例34　樹木の伐採事例（共同所有型）

○　共同所有型私道上に生育している樹木を伐採したいが、共有者の一部が所在等不明であり、伐採の同意が得られない事例

1．私道の概要
・昭和60年私道築造
・延長20m、幅6m（両脇1mに植え込みがあり、中央はアスファルト舗装）
・私道内の植え込みには樹木が6本生育している（いずれも①〜④の共有。共有持分は各4分の1）が、巨木化し、私道の通行の妨げとなっている
2．権利関係等の概要
・1筆の私道（下図青枠内）を①〜④が共有（共有持分は各4分の1、④は所在等不明）
3．工事等の概要
・工事の実施主体は①〜③
・専門業者に委託して樹木を根元から伐採し、廃棄処分してもらう

【概略図】

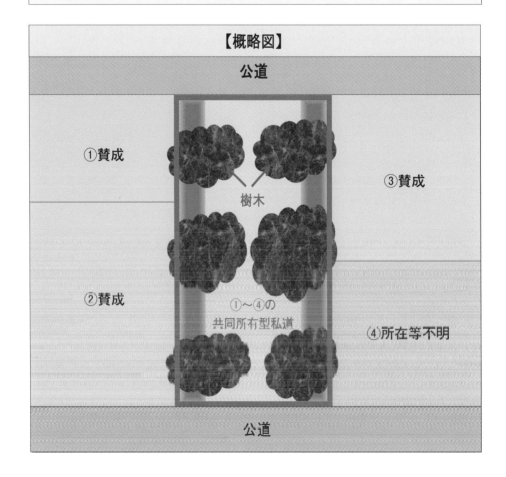

事例34　樹木の伐採事例（共同所有型）

事例のポイント

○　私道の両端に植込みがある。

○　私道の植込み部分に、樹木が生育している。

○　樹木は、①〜④の共有者の共有物である。

○　樹木が巨木化し、通行の妨げとなっているほか、枯葉の処理や剪定などの樹木の維持・管理が大変なため、私道に生育している樹木を全て伐採する。

○　樹木の伐採の実施主体は、①〜③の共有者である。

事例の検討

○　共有私道上に生育した樹木は、特段の合意がない限り、共有私道に付合する物（民法第242条本文）であり、これを伐採する行為は、現行法においては、一般に、共有物に変更を加える行為であり、共有者全員の同意が必要であると考えられる（改正前民法第251条）。

　　改正民法の下では、樹木の伐採が私道の通路としての形状又は効用に著しい変更を伴うものではないと考えられる場合には、軽微変更（改正民法第252条第1項）に該当し、共有者の持分の過半数で決することができると考えられる。例えば、美観を向上させるため特に植えられているなどの特段の事情がない樹木を伐採することは、当該私道の通路としての形状や効用を著しく変更するものではないため、軽微変更に該当すると考えられる。

　　なお、樹木が通行の妨げになっている場合には、樹木の剪定は、私道として本来あるべき機能を回復するための保存行為（改正前民法第252条ただし書、改正民法第252条第5項）として、各共有者が行うことができる場合もあり得ると考えられる。

○　なお、上記のルールは、共有者の一部が所在等不明であるケースに限って適用されるものではないため、例えば、本事例で④の所有者が所在等不明ではなく、樹木の伐採に反対しているケースや賛否を明らかにしないケースであっても、①〜④の共有者の持分の過半数の同意があれば、軽微変更に該当する樹木の伐採を行うことが可能であると考えられる（改正民法第252条第1項）。

　　また、共有者の一部に所在等不明者や賛否不明者がいるために①〜④の共有者の持分の過半数が確保できない場合であっても、改正民法の下では、所在等不明共有者以外の共有者による管理の裁判や賛否不明共有者以外の共有者による管理の裁判を得ることにより、所在等不明共有者等を除いた残りの共有者の持分の過半数で決定して、樹木の伐採を行うことができる（改正民法第252条第2項第1号及び第2号）。

事例35　樹木の伐採事例（相互持合型）

○　相互持合型私道上に生育している樹木を伐採したいが、所有者の一部が所在等不明であり、伐採の同意が得られない事例

1．私道の概要
・昭和60年私道築造
・延長20m、幅6m（両脇1mに植え込みがあり、中央はアスファルト舗装）
・私道内の植え込みには樹木が6本生育している（下図のとおり、各土地の所有者が各樹木を所有）が巨大化し、私道の通行の妨げとなっている
2．権利関係等の概要
・4筆の土地で構成される私道（下図青枠内）を①〜④が各1筆ずつ所有（④は所在等不明）
3．工事等の概要
・工事の実施主体は①〜③
・専門業者に委託して樹木を根元から伐採し、廃棄処分してもらう

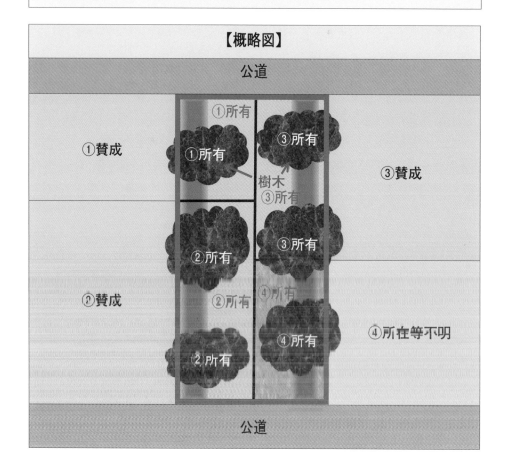

【概略図】

事例35　樹木の伐採事例（相互持合型）

事例のポイント
○　私道の両端に植込みがある。

○　私道の植込み部分に、樹木が生育している。

○　樹木は、生育している各土地に付合しており、当該各土地の所有者にそれぞれ帰属している。

○　樹木が巨木化し、通行の妨げとなっているほか、枯葉の処理や剪定などの樹木の維持・管理が大変なため、私道に生育している樹木を全て伐採する。

○　樹木の伐採の実施主体は、①～③の所有者である。

事例の検討
○　相互持合型私道においては、特段の合意がない場合、それぞれの所有土地部分を要役地とし、互いの所有地部分を他方の通行のための承役地とする地役権（民法第280条）が黙示に設定されていることが多い。

○　地役権は、他人の土地を自己の土地の便益に供する権利であり、要役地所有者（④の所有者以外の所有者）は、地役権の目的に応じて、承役地（④の所有する通路敷部分）を利用することができるが、通行を目的とする地役権の場合、承役地所有者は、要役地所有者による通行を受忍すべき義務を負うにとどまる。

○　本事例において、相互持合型私道の他人が所有する土地部分に生育した樹木は、当該土地の一部となるため、これを伐採する行為は、当該樹木に対する権限がない以上、当該土地の所有者（④）の承諾なく伐採することはできない（地役権に基づく妨害排除請求として樹木の伐採を求めることができる場合はあり得るが、④に対して訴えを提起する必要がある。）。

○　なお、①～③の所有者は、④の所有者について不在者財産管理人等の選任申立てを行うか、④の所有者が所有する土地について改正民法の下での所有者不明土地管理命令の申立てを行い、選任された管理人から、樹木の伐採についての同意を得ることにより、樹木を伐採することができると考えられる。樹木の伐採は、本事例のような事情の下では、目的物の性質を変えない範囲内での利用改良行為に当たると考えられ、管理人は裁判所の許可を得ることなくこれをすることができると考えられる（改正民法第264条の３第２項第２号）。

事例36　宅地からせり出している枝の伐採事例（共同所有型）

○　宅地の庭から共同所有型私道上にせり出した樹木の枝を伐採したいが、共有者の一部が所在等不明であり、伐採の同意が得られない事例

1．私道の概要
 ・昭和57年私道築造
 ・延長20m、幅4m
 ・宅地（④所有）の庭に生育している樹木の枝が共同所有型私道にせり出し、通行に支障が生じている
2．権利関係等の概要
 ・1筆の私道（下図青枠内）を①～④が共有（共有持分は各4分の1、④は所在等不明）
3．工事等の概要
 ・工事の実施主体は①～③
 ・専門業者に依頼して樹木の枝を伐採する

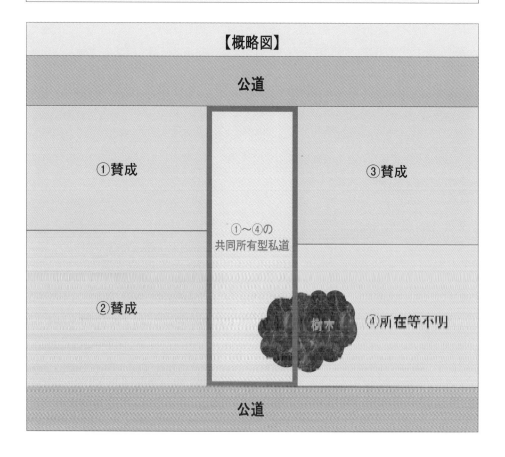

【概略図】

公道

①賛成　③賛成

①～④の
共同所有型私道

②賛成　樹木　④所在等不明

公道

事例36　宅地からせり出している枝の伐採事例（共同所有型）

事例のポイント
○　私道に隣接する宅地上に樹木が植えられている。

○　宅地に植えられている樹木の枝が隣接する私道との境界を越えて私道にせり出しており、通行に支障が生じている。

○　樹木の枝の伐採の実施主体は、①〜③の共有者である。

事例の検討
○　私道の所有者は、隣接する宅地上の樹木の枝が私道に侵入した場合には、樹木の所有者に対し、民法第233条第1項又は物権的請求権（所有権に基づく妨害排除請求権）に基づき、枝を切除するよう請求することができる。

　　もっとも、④は、私道に共有持分を有するため、①〜③の共有者が④に対して枝を切除するよう請求するためには、枝が境界線を越えることにより私道の通行が妨げられる等の事情が存在する必要があると考えられる。

○　改正前民法第233条第1項については、越境された土地の所有者は、竹木の所有者に対して枝の切除を請求することができるにとどまり、自ら枝を切除することはできないと解されている。

　　そのため、隣地の所有者の所在が不明である場合には、隣地の所有者に対し、枝の切除を求める訴訟を提起し、請求認容判決を得た上で、民事執行手続（竹木所有者の費用負担で第三者に切除させる方法による。民事執行法第171条第1項第1号）をとる必要があった。

○　これに対し、改正民法においては、前記コラム：改正民法⑤のとおり、越境された土地の所有者は、竹木の所有者を知ることができず、又はその所在を知ることができないときは、越境した枝を自ら切り取ることができるとされた（改正民法第233条第3項）。

　　④の所有者が所在等不明である場合には、この要件を満たすと考えられるため、改正民法においては、①〜③の共有者は、自ら枝の伐採をすることが可能である。なお、枝の切取りは、共同所有型共有私道の保存行為に当たるから、①〜③の共有者がそれぞれ単独で行うことができる（改正民法第252条第5項。）。

事例37　宅地からせり出している枝の伐採事例（相互持合型）

○　宅地の庭から相互持合型私道上にせり出した樹木の枝を伐採したいが、所有
者の一部が所在等不明であり、伐採の同意が得られない事例

1．私道の概要
・昭和57年私道築造
・延長20m、幅4m
・宅地（④所有）の庭に生育している樹木の枝が相互持合型私道にせり出し、通行に支障が生
じている
2．権利関係等の概要
・4筆の土地で構成される私道（下図青枠内）を①～④が各1筆ずつ所有（④は所在等不明）
3．工事等の概要
・工事の実施主体は①
・専門業者に依頼して樹木の枝を伐採する

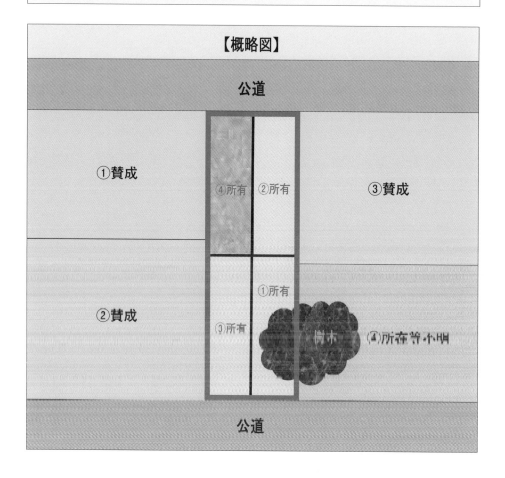

【概略図】

事例37　宅地からせり出している枝の伐採事例（相互持合型）

事例のポイント

○　私道に隣接する宅地上に樹木が植えられている。

○　宅地に植えられている樹木の枝が隣接する私道との境界を越えて私道にせり出しており、通行に支障が生じている。

○　樹木の枝の伐採の実施主体は、①の所有者である。

事例の検討

○　私道の所有者は、隣接する宅地上の樹木の枝が私道に侵入した場合には、樹木の所有者に対し、民法第233条第1項又は物権的請求権（所有権に基づく妨害排除請求権）に基づき、枝を切除するよう請求することができる。

○　改正前民法第233条第1項については、越境された土地の所有者は、竹木の所有者に対して枝の切除を請求することができるにとどまり、自ら枝を切除することはできないと解されている。

　　そのため、隣地の所有者の所在が不明である場合には、隣地の所有者に対し、枝の切除を求める訴訟を提起し、請求認容判決を得た上で、民事執行手続（竹木所有者の費用負担で第三者に切除させる方法による。民事執行法第171条第1項第1号）をとる必要があった。

○　これに対し、改正民法においては、前記コラム：改正民法⑤のとおり、越境された土地の所有者は、竹木の所有者を知ることができず、又はその所在を知ることができないときは、越境した枝を自ら切り取ることができるとされた（改正民法第233条第3項）。

　　④の所有者が所在等不明である場合には、この要件を満たすと考えられるため、改正民法においては、①の所有者は、自ら枝の伐採をすることが可能である。

所有者不明私道への対応ガイドライン〔第2版〕
——複数の者が所有する私道の工事において必要な
　　所有者の同意に関する研究報告書

2018年12月13日　初　版第1刷発行
2023年1月6日　第2版第1刷発行

著　　者　共有私道の保存・管理等に
　　　　　関する事例研究会
発行者　加　藤　一　浩

〒160-8520　東京都新宿区南元町19
発　行　所　一般社団法人 金融財政事情研究会
企画・制作・販売　株式会社きんざい
　　　　編　集　室　TEL 03(3355)1713　FAX 03(3355)3763
　　　　販売受付　TEL 03(3358)2891　FAX 03(3358)0037
　　　　　URL https://www.kinzai.jp/

校正：株式会社友人社／印刷：三松堂株式会社

ISBN978-4-322-14192-4